木本好信
樋口健太郎 編

朔旦冬至部類

影印と翻刻

宮内庁書陵部蔵柳原本

武蔵野書院

序

本書は、宮内庁書陵部が所蔵する柳原家旧蔵の『朔旦冬至部類』（架蔵番号・柳三六四）を、書陵部の許可を得て、影印、全文翻刻し、末尾に人名索引と解説にかわる「朔旦賀表と朔旦冬至—宮内庁書陵部蔵柳原本『朔旦冬至部類』にふれて—」と題する小論を付したものである。

ただ、本書に先だって一九八五年四月に私家版として極少ない部数を知人・知友に頒布している。しかし、この私家版は翻刻にあたって、永承五年（一〇五〇）十一月の『外記』・『大外記』・『二東記』、嘉承二年（一一〇七）十一月の『外記』・『師遠記』・『敦光記』、大治元年（一一二六）閏十月、十一月の『外記』・『師遠記』・『敦光記』、そして明徳三年（一三九二）十一月の『師豊記』と、それにつづく『旬次第』・『朔旦冬至年々』・『平座次第』・『慶安三年閏十月消息』の条文については掲載していない。その点で、本書は柳原本『朔旦冬至部類』の影印・翻刻の完全版といえ、また解説にかわる小論にも記したように、部類された日記条文の殆どが逸文であることから貴重な存在である。故に、私家版後に宮内庁書陵部「図書寮文庫所蔵資料目録・画像公開システム」によって閲覧できるようになったとはいえ、ここに影印と全文を翻刻して公刊することは少なからず学界の裨益となることと信じている。

さて、ここまで書いて、序らしいことも記さなければと思うが、いざあらたまってとなると筆がすすまないので、ここは私家版の自序を修訂して次に転載することにして、ご寛恕をお願いしたい。

奈良朝に比べて、格段に多くなる平安朝の史料についても、政治動向を中心とする朝廷や摂関・公卿に関するものに限れば、国史と『日本紀略』・『本朝世紀』・『扶桑略記』など編纂物を除くと寡少で、公卿・廷臣の日記くらいしかみることができないのが現状である。その公卿・廷臣の日記、つまり古記録にしても、原本が現在に伝存するなどのことは藤原道長の『御堂関白記』などは別にしてほとんどない。その『御堂関白記』にしても全巻伝存しているわけではない。御堂関白道長の日記にしてそうであることから、これ以外の日記は当然自筆ではなく写本で伝存しているということになる。その写本も古写本といわれるものは少なく、いくらかのまとまった条文を収める写本でどうにかその日記条文を知るということも少なくない。

すでに翻刻されて刊本となっている日記にしても同様のことが多く、大日本古記録本で藤原忠平の『貞信公記』や藤原師輔の『九暦』（東京大学史料編纂所編）、史料纂集本の『吏部王記』（米田雄介・吉岡真之編）や古代史料叢書『三代御記逸文集成』（所功編）・『江記逸文集成』（拙編）などのように、写本の条文以外に諸々の国書より蒐集した逸文を付加するなどしてできるだけ復原をはかっている場合もある。このように逸文の蒐集というものは、際立った成果をもたらすものではないものの、平安朝を中心とする日本古代史研究の基礎作業としてなくてはならない重要なことであって、そこから得た成果に立脚して新しい歴史的事実を探求・把握することが試みられようとする。

この逸文の博捜にあたって、まず看見しなければならないのが〝部類記〟とよばれるものである。〝部類記〟とは、日記条文を儀式・行事ごとに抄出・集成したものであるが、このような部類の形態も時を降るにしたがって、その原拠が単一の日記から複数にわたり部類されるように変化していく。このようにして部類されて成立した〝部類記〟や、その写本には部類された以降に散失してしまった日記の貴重な逸文が多く所収・伝存されている場合がある。

この『朔旦冬至部類』も、表題どおりに朔旦冬至に関しての日記条文を抄出部類した〝部類記〟である。解説でも記述したように、大治元年度までののべ二十余の部類日記（『師豊記』を除く十四の日記）、四十日余の条文のうち、

『経信卿記』（『帥記』）寛治二年（一〇八八）十一月二十日条の一か条（史料大成本『帥記』）以外は知られていない逸文である。この柳原本の『朔旦冬至部類』が貴重だとする所以である。

編者が、この『朔旦冬至部類』に遭遇したのは、一九七七年のことであったかと思う。当時、平田俊春博士が、「日本紀略後篇および本朝世紀の成立について」（『私撰国史の批判的研究』国書刊行会、一九八二年、初出は一九七六年）を発表され、従来からいわれてきた『日本紀略』後篇成立の主要史料として『外記日記』のあることを、散失していた『外記日記』の逸文三十六か条を収集して、そのうち十三か条の同日条文を比較対照することで、その事実を実証されたことがあった。その後、編者は平田博士収集以外の逸文蒐集を行い、さらに二百余か条の逸文を蒐集して、たしかに『外記日記』は『日本紀略』後篇の典拠となってはいるが、主要なものではないことを主張したが（「『外記日記』について」、『平安朝日記と逸文の研究』おうふう、一九八七年、初出は一九八六年）、その『外記日記』逸文の蒐集過程であった。『朔旦冬至部類』には、『外記日記』逸文は七か条みえている。

爾来、八か年、ようやくここに影印と翻刻を一書として私家版ではあるが公刊することになった。しかし、当初は影印のみの刊行を考えていたために、経費からくる紙数のことから翻刻が半分ほどで全文におよばなかったことは心残りである。これ以外にも、なお諸先学からご示教をいただくことも多いだろうと推察する。ご海容を乞う次第である。

また、この影印・翻刻を許可された宮内庁書陵部とご高配下された北條文彦先生には衷心より感謝申しあげたいと思う。最後に、藤木邦彦先生からは過分な序文を賜り、また表題の文字を揮毫していただいた（本書カバー裏）。このうえない幸せであった。深甚なるお礼を申し上げたい。先生は、常に慈愛に満ちた御心で編者を見守り励ましていてくださる。その先生も昨夏めでたく喜寿の齢をお迎えになられた。このうえは今後も一層の御清適であることを祈念する次第である。そして、本書が先生の学恩に対する万分の一の報ともなり、また少なからず斯界の裨益となることを冀望して擱筆することにする。（一九八五年正月）

それでは、最後に序にそぐわないかもしれないが、本書の公刊にいたるまでの事情を簡単に記すことにしたい。二〇一六年七月に武蔵野書院から和田律子・久下裕利両氏編で『考えるシリーズⅡ ③知の挑発 平安後期　頼通文化世界を考える—成熟の行方』という大部な論文集が刊行された。そのなかに和田氏は「源師房について—藤原頼通文化世界の一員として—」という卓論を掲載されているが、わたくしも以前に師房に関する一文を書いたことがあって、これがご縁となって和田氏からご恵贈いただいた。そこでお礼を申し上げる時に同封したのが私家版であった。和田氏は何かのおりにこの私家版を武蔵野書院の前田智彦氏に紹介してくださり、そのことを知ったわたくしが失礼をかえりみず前田氏に武蔵野書院から完全版の公刊をお願いしたのであった。これ以来、前田氏は懇切丁寧に対応し、編集作業をすすめてくださり、ここに『朔旦冬至部類』を公刊することができた。和田・前田両氏のご高配に衷心よりお礼を申し上げたい。

また冒頭でも記したように、私家版では翻刻していない条文があったが、これらの条文は同僚である樋口健太郎氏が担当してくださったのみならず、共編者として条文のチェックをはじめ人名索引の細部にまでわたってご尽力くださった。樋口氏は、平安時代末期から鎌倉時代初期にかけての政治史、とくに摂関家の動向を中心に研究をすすめられており、多くの成果をあげておられる。樋口氏とともに共編者として、本書を公刊できたことは幸せなことであった。

本書は、このように和田・前田・樋口三氏のご理解とご配慮がなければ刊行にいたることはなかった。深甚なる感謝を申しあげたいと思う。

二〇一七年九月　　天理の病院にて

木本好信

目次

影印

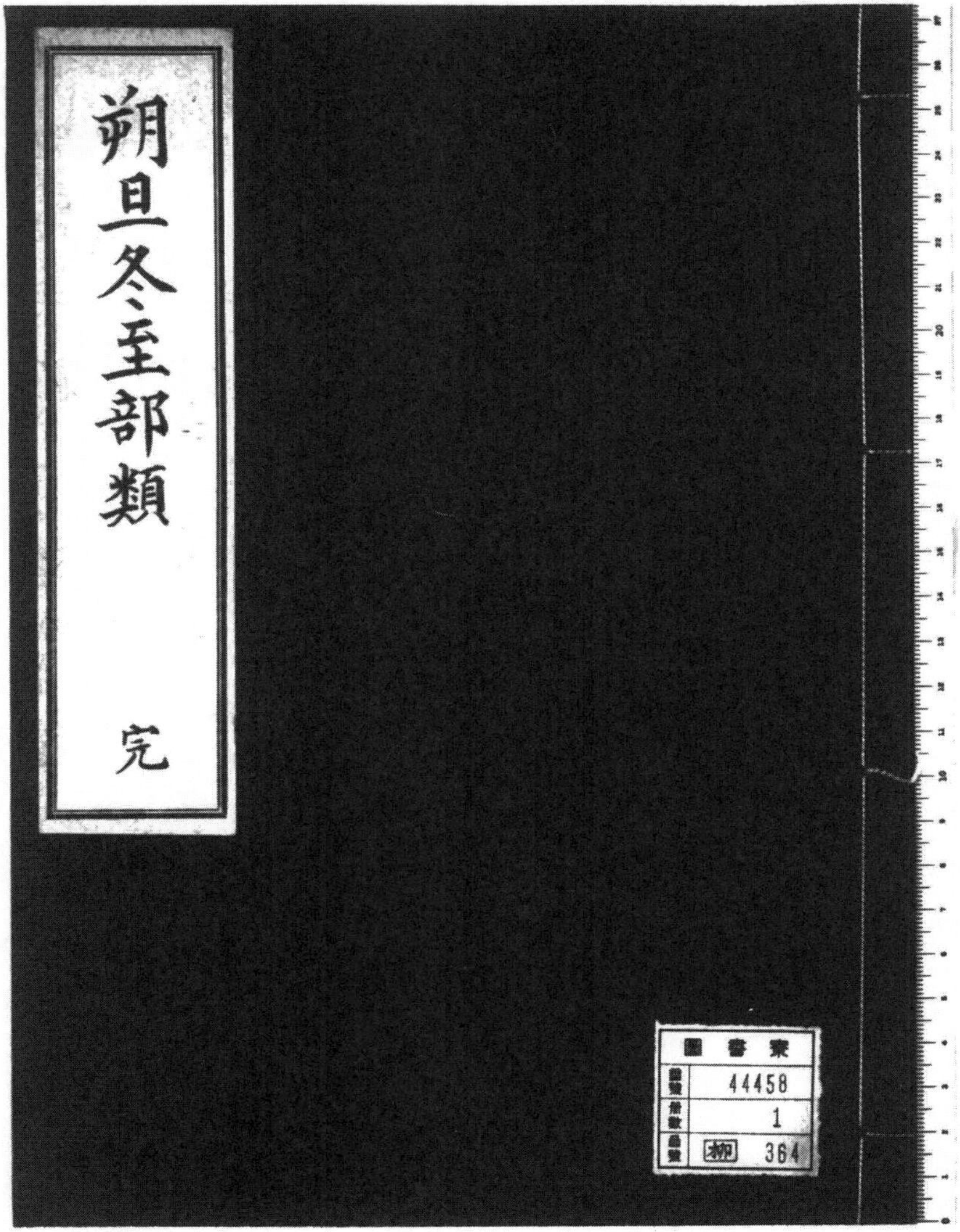

影印

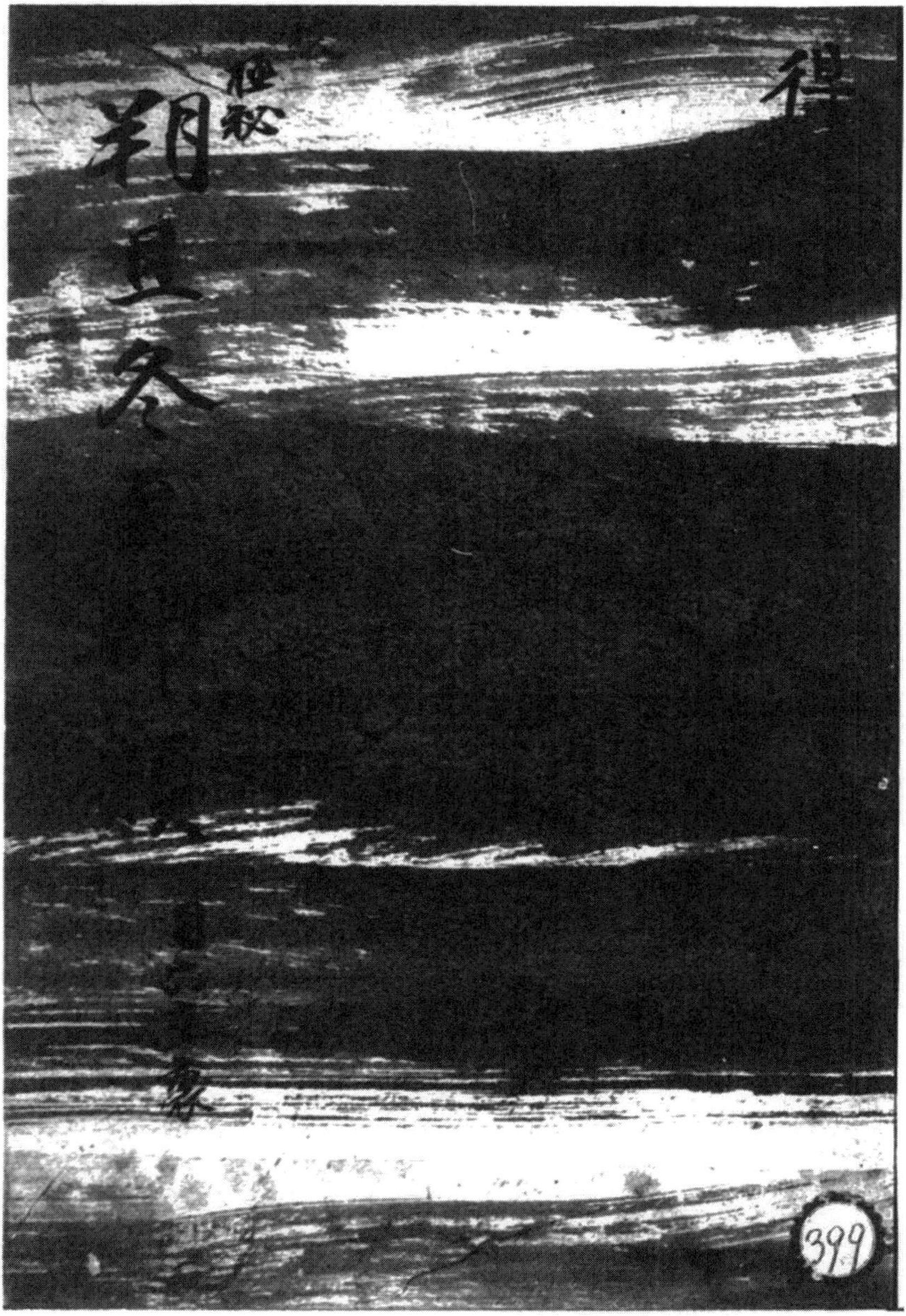

目録

時範記　同上

外記　嘉承二年十一月

師遠記　同上

敦光記　同上

外記　大治元年閏十月十一月

師遠記欤　同年十一月

敦光記　同年閏十月十一月

中右記　同年十一月

師豊記　明徳三年十一月

旬次第　明徳三年欤

朔旦冬至年々

平座次第　寛永度

慶安三年閏十月消息

外記

永承五年十一月一日癸巳、今日朔旦冬至也、於京極院有旬事、其
儀見例、右中弁藤原資仲朝臣作造曹司別當左、、宅
進賀表函并案、筥以朴木作之、以紺地小文錦爲折立、置花足盤上、以作之、案以檜作之、塗濃檜色、以同錦敷面四方、付組四角
又關白左大臣召大外記中原朝臣貞親仰云、宜仰式部權大輔
藤原國成朝臣作進賀表者、隨則召仰其由、其後以草案進上、貞
親朝臣奉覽之下給貞親朝臣、參爲差遣內竪頭源朝臣兼行
於侍從所遣令清書之、白色紙、其後令持史生給諸卿、御判當日
未剋右大臣以下參着右仗座、此間著縫腋使部二人舁表案立
上官座子前立蔀北、准温明殿也、右大臣召大外記中原朝臣貞親仰云
御曆奏可付內侍所、又未得解由者可令候座者、奉仰
仰召史生二人舁案立宣仁門、少外記惟宗孝言權少外
記中原師平二人舁同案入自宣仁門渡小庭前立南殿西軒廊

第一間南北為妻退出之路同前諸卿次諸卿起仗座列立軒廊南邊大臣一列納言一列参議一列各東面北上雨儀之時列立軒廊内歟立定之後右大臣進寄案下執表函付内侍令奏後本列之後諸卿還着仗座次外記整進自前路舁案退出次天皇御出南殿其後諸卿起陣座着靴列立前所内侍臨檻喚人次侍従左馬頭源経信朝臣卑出居右近権中将源隆俊朝臣昇西階着座次諸卿昇自同階着座次々侍従亦入自西中門着座次[redacted]出居[redacted]中将喚内竪二声内竪就中門外同音称唯即内竪別当主計允紀致業移立庭中々将宣云給御飯称唯退出即内竪亦昇大盤立殿上又所司次侍従前立大盤羞饌次内竪四人持下器[redacted]東度至膳所受粉熟還出令盛他器羞諸卿又内竪四人持下器度東受國栖物羞諸卿此間出居侍従経信朝臣退出次酒番侍従二人侍従所監源朝臣清政図書頭藤原朝臣康輔持盃酌昇自東階羞諸卿三献之後須召諸大夫着宜陽殿座未得解由者立此中而今度無其召

仍不着座次近衛将曹率近衛二人開中門（開左掖門、常内裏）尋即闈司大
入自開門就版位奏諸衛著奏仮由（有勅）闈司称唯退出次諸衛
（左近少将藤資宗 右近少将同長房 左衛門尉藤行房 右衛門権佐源朝臣長季 左兵衛佐藤原朝臣敦家 右兵衛佐同師基）各持欀入自同門
列立版位南（西上北面）尉者平奏如例（有勅）（重許文置之）諸衛各伝取欀闈司ゝゝ取
之昇自南階付内侍退出次右大臣着陣座弁五位以上見参并禄文
刺奏覧大臣覧了返給外記取（作仮）廣宴如元挿文刺書折立
小庭次右大臣起座進軒廊下余ゝ程仮大臣取見参昇殿奏ゝ
（此間外記候 佃便所）奏覧之後返給大臣給之降自西階立軒廊下外記進見
参給宣文刺退出次大臣還着仗座召少納言藤原朝臣成経給
見参成経朝臣給之退出其後大臣起座昇座須少納言給先就
位召唱而両脚儀降不有此儀　亥刻天皇還御右大臣以下各
退出

大外記 師郷之記

永享五年十一月朔日癸巳天晴朔旦冬至也有旬為内大臣殿御共參内閣白殿右府新御于殿上其後諸卿着右近陣座春宮大夫前帥左兵衛督以下諸卿皆參外記使部二人舁賀表案立西中門外即同史生二人舁之立陣座西壁西是敷政門代内次又外記孝言師平舁件案經參議座後自寢殿与西對南渡殿東間立之是新御代從本道退出次右大臣以下起陣座列立西對屋巳方着淺履陣前小庭代也大臣列其後大中納言一列參議一列内侍從御帳後歩出之程右大臣揖離列進跪案西邊指笏與立取入表函不取花足經案北邊進昇階經前二階許跪函授内侍即内侍取之還入之間大臣降自階搢笏如初經案北加本列畢如先達記者内侍居階上其後貫首人離列取表函授内侍者然而今日如此仍頗違先例但又別說歟右大臣復本列畢後右大臣揖左廻經内大臣御後納言前南行着陣座次内大臣殿右廻

南行著陣座次又民部卿經長参議前南行著座次予如此諸卿著
陣座畢後右大臣以下起座々著靴須徴表案并内侍出々々後起座
著靴也而今日又違例但有口傳歟諸卿群立々々間外記未徴表
案其後内侍臨西檻諸卿一々昇殿次出居次將隆俊朝臣昇著
座次予作法如常旬但無宣奏御鎰庭立并音樂畢入御内大
臣徴令称警蹕給是右大臣為下見参被退下間事畢退出
十三日今日當遠忌仍齋食以弘範法師供養法華經
今夜五節参入又有叙位儀云々
十五日童御覧也依例著直衣参内向按察大納言五節所逍遙
大納言二男少將顕房去十三日叙四位未還昇前著直衣任意昇
殿頗非常之説也参賀陽院宮御方被儲小饌
十六日戊辰節會未時許参賀陽院為殿下御共参内諸卿在右仗座
右大臣奏詔書草并清書々々後召右衛門權佐長季仰可免輕罪

者之由次令頭經家奏外任奏返給之後外記壽言申代官大略
如七日節會儀敍人由賜位記之丶又豊明節會次第如例也

不知主記

二東記　右大臣大二条今日〻上也

永承五年十一月朔旦冬至也未時參内關白同被參對面之次申
今日可列立[redacted]所之樣内被答云西對東庭渡南如何者其後著陣
頭辨經家朝臣來云御膳付内侍所人給任符未向國未給任符爲
濫權政入京者并未得解由人未皆令入今日見參者召大外記貞
親仰之次史生二人舁机置表案立陣座西壁後次外記二人舁件
案經陣前進自北立床子前〻立ノ立新嘗辰〻歸先例用黒漆案此度濱椿色案也次諸
卿起座出陣前庭大臣出二間參議四間大納言三間北行進自陣北立蔀戸列
立西對南庭大臣一列大中納言一列參議一列大臣當對辰巳角欄立列立之後
予進案下西辺指笏更起取首不取花足經案北昇自西階半跪撥内

侍還下立取笏立本列諸卿還着陣外記進解菜退出唆後着靴
参上節儀如例事畢参見参召少納言給之但諸司諸衛見参不
奏此間還御

廣宗日記

延久元年十一月十一日癸巳天晴朔旦冬至也賀表莒并禁從厨家
進之進也　朴木莒以紺地錦為折立濃播綾面以白錦為面　四角金組花足盤具上置莒之　午刻関白并左大臣右
大臣内大臣源中納言春宮大夫左衛門督右衛門督左兵衛督　小乃宮
中納言左宰相中将能　左大弁右大弁右兵衛督右宰相藤中将宗俊
宰相源中将参着右仗座但儀式在別日記正暦四年長元四年朔
旦日記叶今日儀
廿二日甲寅天陰間降雨今日朔旦叙位儀也先早旦関白殿并大臣
王卿各進十年労外記各令参左大臣右大臣民部卿皇太后宮大

夫春宮大夫左衛門督左兵衛督小野宮中納言治部卿源中納言
右兵衛督左宰相中將宗右大弁右宰相中將隆参入今日儀正月五
日叙位儀同前也

大右記

延久元年十一月一日癸巳朔旦冬至也仍有旬未刻参内先外記二人
舁賀表案立軒廊之後諸卿着座〈浅履〉行東庇柱内出列右府
一位間被出右府自次間被出〈依二位也〉平間宮内卿、、、自何間可出哉
宮内卿答云二位大臣被出、、、、副天可被出歟[illegible]日記、、依無所
指見出自次間中納言参議出自第四間公卿列立弓場殿東砌〈北上畫〉
三位中將基長立加賀表列人之加制止基長不得心忽退帰异賀
表列散三位不立事也〈又賀表不加名也〉議以奇怪欲爰左大臣就案下拝笏
取表函授内侍帰加本列之後退出此間進退容餝識叶器量方人

各有感氣事畢諸卿帰著仗座次旬始諸卿著靴畢廢出居左
中將師家作法音聲共以失公卿座定之間右府兀子折損被退
下不被帰著即被退出畢次第如例歟

經信卿記

延久元年十一月一日乙未今日朔旦冬至也午刻先參左府奉昨日定
文即左府被參内僕同以參内先見御裝束體如例旬儀左府以下
被著陣座左府召大外記爲長被問諸司具否次使頭弁被申諸御
曆奏之事次外記二人舁賀表案入自敷政門立將座前南面南北行史生先可舁此
中文案而外記舁之失也次外記二人舁之渡陣前立南殿西廊東第一間立之南北行退去
畢外記退帰ゝ後如先可經陣前而出自西中門不似例ゝ次諸卿次第起座自陣座柱内北行大臣者
出北第二間大納言中納言參議者出自第三間經庭參進民部卿出自大臣之間後
同雖出同間納言參議隨納言南北柱ゝ列弓場殿前大臣一行大中納言一行參議一行已上東面北上但三位中將基長參進依人ゝ目帰去不立列

次左大臣離列北行就案下跪居挿笏取暦不取臺渡案北昇西階三歴
與膝授内侍帰下作立、拔笏左廻自同案々加本列後次第経各列
後着陣帰入如出儀次内侍出上卿着靴昇殿上次出居将率侍従
参進次々儀如例但有御暦奏大略如日記中務輔着靴就版奏又少納言出来令撤案之時着靴云々有奏
奏又右府被奏見参目録返給了後於陣召少納言給見参不給目
録於弁是近代例云々此外所指事今日公卿皆着先文帯蒔絵剱
等

前書云右大臣兀子儀折又次侍従床子不立又中門北庭脇塞陽事未見之
又右府後日示云一日立次侍従床子了召侍従事宰相不為欲如何々々
床子又侍従又々相尋可備後鑒被仰侍従諸大夫可着座之由云々未見可尋之

江記　千時蔵人左衛門権佐

延久元年十一月一日己未朔旦旬記践祚初河陽院始出御也余奉仕行事仍今度御装束行事
未剋公卿皆参殿上御装束如常但御座西間坤角下立皇太子御倚

子（平文台下敷物）自西柱東去二許尺（入北二尺許当東第二柱）自柱南又撤之舗例東宮御禁中
之時立之今已御内裏何可撤哉隆方朝臣失也又立塲殿前并中門
北廊前门々也去夏是装束司所奏也仍主上令渡南殿給之後有
御被撤之帳座以斑幕二層掩之而〔同例也〕撤幕之次〔撤之〕撤之当孫庇西
庇西長押東去三枚立之申刻外記二人舁来案立西廂第一間中
央（惟宗義定 中原義重）其案高二尺六寸（前例二尺八寸々々）長二尺六寸（人秋 前例二尺八寸）廣一尺四寸（前例
一尺四寸々々）榻足作之有牙象四足著花緒有総金桃如常四角二重打辟
金葉面東京錦張之有伏組象以檜木作之取色如須椿南北妻
立之其上置表筥以厚朴作之（廣三寸五分長一尺六寸高二寸六分加牙象定）有花足（廣六寸五分長一尺
四寸高一寸五分）一件筥花足（花足有上々々敷物用同錦）以高間瑩之仍太有潤色前例朴上不
用油々々筥中以同錦為折立其中置表以色紙書之（菓所書紫纐作）以同紙
一枚為懸紙
置了外記帰了此間御出前是伊房朝臣借内侍平仲子（周防）令渡

南殿数剋居座帰入 太早也
舊記御出以前進賀表云々伊房説以為御本殿之時云々其實不然凡
謂御出者 謂令着御倚子給也如此之時是謂渡南殿給後未[redacted]
着倚子給也
御出之時内侍取剱在前次宸儀次関白取御裾次璽内侍次女房可列
而蔵人季仲取御靴 政成取式莒 女房之中関白顧眄仰云前例
無蔵人遮女房尾従之例早可罷留仍留畢此度引導女房是懐
階難登也 宸儀令倚立北廂給 撤御装束所屏風外有御大臺若可立屏風内歟 儀而大臣以
下自陣座起自座議座後地東行東折北行 中行 自幔幕参上 不具 随身前
例一位大臣出西第二間二位大臣第三間出逼西柱東邊大納言自同
間出逼東柱西頭中納言自第四間出逼西柱東邊参議自同間出逼
東柱西北也是大内之儀也御出小庭之時例也然則准此可出而太以
違監当弓場殿柱殿左大臣留之 右文王予出謝給 劔浅履他如之 當新廊東第三

間中央〈弓場殿柱／當御所之〉次右大臣立其南次内大臣次民部卿欲加大臣列
人々目止仍立大臣後次源大納言次春宮大夫次左衛門督右衛門督
左兵衛督小野宮中納言源中納言〈已上／一列〉次宰相中将能季又誤立納言
列人々驚嘆仍立後列 別當春宮權大夫右大弁〈已上亦表納言／後一列〉次三位
中将基長 棟出系上奏人々追返仍自月華門西并殿上階下莫不
歎嗟[redacted]賀表是正員公卿所進雖参議何可加列乎不覚之甚也
列定之後左大臣揖離列自軒廊東第二間入早速也須侍内
侍出乎離列也仍取笏就西階之後太經附列亦内侍遅出是識
事不知故實也或説可勤伴役之〈内侍忽有故障云々〉内侍出居西ノ賢子歟大臣就笏
西跪揖笏取笏〈不加／足〉起歴叢北沉就西階三等登〈不歴階／先右足〉立授
内侍此間有兩説或登五六等跪授之々然故入道殿説三等登乍立授
之爲勝之々内侍取之歸入〈路如常〉大臣還立階下挿笏左廻不揖歴本路
歸復列次揖左廻經納言前歸次納言亦左廻經参議前歸次参

議、亦左廻經列後帰界還出陣々間失儀也、如前々民部卿自第四間
入、資仲良基自才四間中央入、皆失也内侍持来
表莒、関白傳献、而不御覧給、伊房朝臣可御覧歟、併表関白以下加署
名、然而左大臣被献、前例也伊房朝
臣招余、授表莒、余取之經長押、自晝御座西二間入置々物御厨子二層
西厨子、次主上令著靴給、伊房實季二人奉仕之、御靴太狭、御足難入
行事失也、次大臣以伊房令奏、未得解由者并未赴任之國司可預
今日座事、依請、次主上令著給、内侍置璽剱於西机、剱北柄西刃
璽莒在其東、宗季置式莒置東机、書以
東為首置之次主上自御帳北入經倚子西
著給、次内侍出如常、次左大臣以下参上自西階、登簀子敷南行東来
折自各座間、著之如常、次出居將右中將師兼朝臣著座、次侍從公房
朝臣自日華門著座如常公房朝臣著座々間、踏床子之敷縁、床子上小疊
疊乃在座前、不能早數踏疊著座、人々有可嘆
氣之次采女供御臺盤於東階下、撤把前例於西第一間撤把、行事
師賢失也、以後作法如常、但供四種後下器渡、是常次第也、上卿左
大臣去夏下器、次可供内膳々物之由、尤催、是慶不然、以是謂之去夏

被失錯可知、一献〻下器〻如常、拂御厨子御菓二盤借之為労説一盤
令盛供為勝（為事違也、今度二盤也、師實不知故説也）、一献後酒番侍従著座（赤鵬臣下之前）、仍以
承子立西中門北廊、自月華門持入立之（拂〻御厨子時立諸大夫座、春興宜陽両殿〻〻二行立之、今年不立、僕失
也）、一献〻後右大臣瓦子忽折、殆可及仆〻〻、是装束司之失也、右大臣記
座出〻、又大臣三人也、須立三脚両面端瓦子、而設二脚、仍内大臣被著
餘瓦子、装束司失也、大臣称須暫不著座、召掃部司令改之後可
著給失也（右大臣後日被示曰、内大臣称還下階、立両面兀子之後可著云〻）、次二献〻、次奏御暦儀、二献〻座
〻酒〻後開門〻、右近将曹率近衛二人出自本陣、開如常、闈司自右
掖門（西中門南）入就版〻申〻〻、勅答〻令申与、闈司帰〻、中務少輔名経
率陰陽寮〻六人（二人舁御暦）、四人舁案、横鎮暦机、同加案列去版位
南一丈立件案（黒漆東西妻立之）、高三尺人長三尺人広一尺人六寸、其上有莒（広四寸長一尺寸高三
尺無花足）、件南去一丈立赤案横一脚（東西妻立之）、立案了後、陰陽師亦帰〻
輔留立、次更北進就版位（留経業〻）、奏云、陰陽寮申廿九延久二年乃御

暦進ラリト申給〻申無勅答公經揖西帰了出自本門次圖司二人入自左
掖門就案良久不左右是不練習欤舁案依令習經版位西登自
南階立御座東第三間定加御座間南簀子敷東西妻立了之後圖司東
行人〻留之即下自南階立階左右次掌侍平仲子入自御帳後出自同間
母屋經庇下簀子敷就案取筥經本道帰参於御帳東邊奏〻
其〻間筥蓋擁假主上令取御暦給置東置物机立式筥北以東為上内侍擁蓋持空
筥經始道置案立帰了次圖司登自南階舁案經始道立本所
退了次少納言公試率内豎六人自西中門准日華令舁案奉横木退
了二人舁案四人舁奉横件奏御暦儀[illegible]公卿以下頗不練習不知中務輔参
由〻〻但御暦者還御〻後藏人取之置〻物御厨子次番奏圖司入
奏勅答令申与已下作法如常余奉仕番奏於左掖門外著靴并
蒔繪劔搢笏件番奏簡府藁所儲也立本陣及期持来件簡
書番長以下三堺也下有年月日督官位姓名奏之時以文字向南

讀之事了退入左近少將知房右近少將伊行左門余右門季綱左兵衛長顯
右兵衛長明也撤人々自日華出經橋出自右掖門解笏劔等亦参入
於御後薹侍二人取叢奏笥各一枚奏聞去夏之旬伊房教内侍取
笥令懸御帳東机人々莫不盧胡今夜不然如例照公卿依方机吹
開門了吹三獻次見參此間伊房向余曰近代旬無見參可催還御
之事余答曰朔旦之旬新可有見參爰成疑付御後奏聞仰云可
問上卿伊房到西掖門右近衛官人令問少將々々問上卿々々申可依之
由即起座歸陣（此度取下襲尻隨身捧燭相隨）即外記奉見參（先是出納渡殿上見參如常）見了
歸參[redacted]外記捧文杖於東階奉之大臣取之進奏之其儀如官奏
時但於西御屛風外暫立内侍取之奏之御覽了返給内侍取副文
於杖返大臣（撤此間大臣退立御座西方三間西柱下加御座間定）大臣返給下階給少納言其後
歸參就本座此間主上令還入給大臣警蹕其後還御
撤代々例無御錄奏官奏音樂撤膳庭立奏等伊房存可撤

膳之由可仮之、亦當奏御暦奏、年々例及晩景之時、多於付内
侍所了々、今年有此事、敵念云、為救公事之淩遅也
天姫有厨御贄 誤歟
一献 御暦奏　二献 番奏　三献 見参
此事可候歟、二献有両事、頗為繁多
今日一献之間、日及昏黒、仍女嬬不供燈、御前燈臺、、、前間庇
大臣被命曰、可立母屋、當御帳巽坤角立之
表書様如此　紙袖廣并枚數、紙長、文字一行數、枚中行數、縲不皆如此
後所字返也、抑有懸帋一枚、紙者紙屋色紙也
寛徳元年書写之大略如本、雖写之文字大小不同也、又紙長
四五分短也、字数如形々

臣教通等言、臣聞日月循環以弦望

之條不惑春秋旋轉以啓閉之期無
愆推彼上天之曆數協斯明時之
休嶽臣等誠歡誠喜頓首頓首
死罪死罪伏惟
皇帝陛下明比二曜運當千年玄
德旁播以人民仰偃草之風恵澤
遍覃以邦國詠行葦之露是以

邉境中都一天無事西收東作三
農有年呪復當寶暦改元之時
迎朔旦冬至之日誠是聖代之
遺蹤
陛下之嘉瑞者也今値艸靈既誰
能不稱揚臣等詣魏闕以謳歌宜

爭鷟雀之相賀望堯階以抃舞
更知蓂莢之克諧共抽群官同悦之悳
専獻萬壽無疆之詞不耐喜躍拜
表以聞以𢢕通等誠歡誠喜頓首
頓首死罪死罪謹言
延久元年十一月一日

關白從一位臣藤原朝臣教通
從一位行左大臣兼左近衛大將皇太子傅臣藤原朝臣師實
右大臣正二位兼行右近衛大將臣源朝臣師房
內大臣正二位臣藤原朝臣信長
正二位行權大納言兼陸奧出羽按察使臣源朝臣隆國
正二位行權大納言兼民部卿臣藤原朝臣俊家
正二位行權大納言兼太皇太后宮大夫臣藤原朝臣

正二位行権大納言兼皇太后宮大夫臣源朝臣経長
正二位行権大納言兼春宮大夫臣藤原朝臣能長
正二位行権中納言兼左衛門督臣源朝臣俊房
正二位行権中納言兼太皇太后宮権大夫臣藤原朝臣忠家
正二位行権中納言兼中宮大夫左兵衛督臣藤原朝臣顕房
正二位行中納言臣藤原朝臣祐家
従二位行権中納言兼治部卿皇太后宮権大夫臣源朝臣隆俊
従二位行権中納言臣源朝臣資綱
正三位行権中納言臣藤原朝臣経季

参議従二位行左近衛権中将兼近江権守臣藤原朝臣能季
参議正三位行左大弁兼勘解由長官播磨権守臣藤原朝臣泰憲
参議正三位行太宰大弐臣藤原朝臣
参議正三位行修理大夫兼右兵衛督臣藤原朝臣資仲
参議正三位行春宮権大夫臣藤原朝臣良基
参議従三位行右近衛権中将兼讃岐権守臣藤原朝臣宗俊
参議従三位行右大弁兼中宮権大夫伊予権守臣源朝臣経信
参議正四位下行右近衛権中将修理大夫備後権守臣源朝臣隆綱
此奥続空紙一枚公卿署所与紙共尽無奥紙余之故歟

南殿出御女房

小民部内侍　周防内侍　後少納言命婦　備中命婦

兵衛命婦　出雲命婦　新少納言蔵人　大輔蔵人

中務蔵人　右近蔵人

師平記　大外記

寛治二年閏十月十七日癸亥今日左府殿并式部大輔大江匡房卿

於里第亭御可令造進朔旦賀表之由

廿七日己巳天晴今朝予依召参左府殿台御前下給朔旦賀表――草案

――以左大弁大江匡房卿云以少納言藤原朝臣知家可令清書之者

次参殿下相会件人觸示此由即――料紙等｜

廿八日庚午小雨――――

廿九日辛未左大臣被仰下云明後日旬諸司等午剋以前可参仕

之由令催者

寛治二年十一月一日癸酉天晴是朔旦冬至也仍有旬事未剋
左大臣内大臣按察大納言實季源大納言師忠権大納言雅實右衛
門督俊明左衛門督家忠皇后宮権大夫公實大蔵卿長房右兵衛
督俊實右宰相中将基忠右大弁通俊左大弁匡房参着仗座先
大臣召弁被問諸司参否次被尋解由者可令候座者此間縫殿
使部二人舁賀表筥并案立上官床子前御内（案舊以朴木作之覆地　小文錦敷折立置表足）
盤上以同錦敷面案以檜[redacted]作之淡濱椿色　以同錦面四方、、、四角垂緒、、金物　件案筥不然日奉上宣従
厨家、、、也外記史生二人舁案立敷政門内宣仁門外次外記
二人（小外記惟宗仲信　少外記中原宗政）舁同案入宣仁門度小庭前立南階西軒廊
第一間（南北為妻置表筥之　花足盤横、、、）退出之路同前次諸卿起仗座列立軒
廊庭南邊（大臣一列納言一列参議一列各東　西北上但雨儀時列立軒廊中殿）立定之後左大臣、、案
（被奏賀表之間）下執表筥付内侍令奏復本列之後諸卿[redacted]（還着）仗座[redacted]

、、、如時
次外記趁、渡舁案退出宣仁門外件案花足盤赤綱本為〻
公卿着靴而永承、、用
次申刻天皇出御南殿摂政殿下程候御後其後諸卿靴着　着座
浅履〻〻件例今度用浅履
着靴列立前所内侍臨檻召人先出居右近少将藤原顕実朝臣
件賀表公卿郷署
昇従西階着座次諸卿昇自同階着座次出居侍従左馬頭
判下畧永元年注
源道良朝臣入自西中門　唯日華　着座是間上官着階下座次出
華言之由有識公卿不所見申也仍先尋問其由之処〻〻
居将曹内竪二音内竪於中門外同音称唯即内竪等立主殿〻〻
有人不分明但永承五年
藤井有道趁立庭中中将宣云給御飯称唯、退出即内竪亦
賀表案文、、華言字者
舁大盤立殿上又所司侍従前立大盤羞饌次内竪四人持下器
仍任近代例不可存不言字者仍今度無件字
東属主膳所受粉熟還出分盛他器羞諸卿又内竪四人持下
、、、
器属東受盛、、羞諸卿此間酒、番〻　侍従四人自中門着西廊
内豎子座　大蔵小輔　親業　、、、保隆造酒、、、、昇自西階持、、、
羞諸卿二献後近衛将曹一人率近衛不闌中門南腋門　唯左闈　腋門
司〻人着座即一人就〻位奏御暦候由有勅答還退次中務

少輔源朝臣廣經少監橘爲經并陰陽頭助以下暦博士允屬
等昇長御暦之筥案入自閤門立版位南退出去版、而一許丈立、、、〈録主鈴人給暦案櫃〉
中務輔一人獨留版位奏之〈无勅答〉退出、、闈司二人昇伴案昇自
南階立簀子上、、降、、、西邊内侍、、、、昇自、、階昇案立本所
退出次少納言源朝臣成宗率内竪四人入自中門令昇御暦案并人
給案櫃等退出次闈司一人入自同門就版奏諸衛番奏依由〈有勅答〉闈
司退出次諸衛〈左近少將藤原朝臣信忠右近少將源朝臣能俊左衛門權佐藤原朝臣爲房右衛門尉平重房右兵衛尉平兼季右兵衛佐藤原忠經忠〉
各持簡列立版位南〈東上北面尉去南許丈〃〃〉乎奏如例〈有勅答〉次闈司二人參
入主諸衛上諸、、、、、、侍退出三獻〜後左大臣降自殿著陣
座外記挿五位以上見參於文刺奉覽大臣覽〜返給外記召給膳
賓如元挿文刺奉、、、、立小庭大臣起座進軒廊下外記称唯大
臣取見參昇殿奏之〈此間外記挿個便所〉奏覽之後返給[redacted]大臣給
之降自西階立軒廊下外記進參給空文刺退出次大臣召少納言

〻〻〻成宗給見参源少納言於座中唱見参然而近代依無其儀直退
出次天皇入御次諸卿退出戌刻事〻了諸卿以下退出
十一月五日丁亥入夜随身叙位勘文参殿下依召以蔵人弁為房進之
仍加白封入筥進覧内〻有被尋仰之事等一〻令申子細了

叙位召仰
〻後十年
当参判
弁摂政殿
新外記文入
各退出了
於大臣人
家者俸今
参内給
不参持参
里方〻

十七日己巳天晴今日有叙位議仍申刻左大臣内大臣源大納言師忠権大
納言雅実右衛門督俊明左衛門督家忠左宰相中将基忠右大弁通俊左
大弁匡房藤宰相公定参着仗座先召弓有召御事次依召外記三
人持御硯筥等列立小庭大臣以下諸卿起座被参摂政直廬弁少納
言外記史等相従其儀如常右大弁執筆[illegible]刻事了大臣以下退出左
衛門督左大弁還着仗座被行入眼諸卿事縁事諸司参仕如例
子刻事了上卿以下退出
今日園并韓神祭也藤宰相公定右少弁重資外記史等向内裏相
率参社頭行事今夜五節参内藤中納言宗俊左大弁匡房備後守

藤原朝臣家明越前守源清實等也

廿日壬辰天晴今日豊明節會也早朝所司裝束殿上及庭中如例

二省立標中務省置宣命版位庭中積立五節舞臺未剋左大臣

右大臣内大臣民部卿経信源大納言師忠権大納言雅實右衛門督俊明

左衛門督家忠左宰相中将基忠右大弁通俊左大弁匡房新宰相中将保實

詔書下給中務省之後上卿召右馬頭保藤原朝臣匡房朝臣於殿上仰免物事

三位侍従能實藤宰相公定参着仗座上卿召大内記在良朝臣仰云可

草進恩赦詔者奉仰退出深更入詔草於莒奉覧上卿覧了取頭弁

季仲奏聞之後返給下給内記清書覆奏如恒中務輔藤原朝臣基

頼遅参々々間召余下給詔書仰云依先例可傳給中務省者次外記申

二省々輔代官兼不 式部大輔代太皇太后宮大進藤原宗朝臣少輔代右京亮藤原朝臣有嗣兼代

主計允紀輔經大主鈴安倍助清兵部輔代造酒正藤原朝臣兼代主殿允藤

井々道等也 吹進外任奏於上卿覧了以頭弁被奏之後返給外記仰云可令仮

烈着申剋内弁左大臣起座着靴到西階下賜叙人下名着宣陽殿兀

子座此間右大臣以下諸卿着外弁座小忌左衛門督左大弁為先召二省給下名

式部兼播、、
兵部丞、、、　其儀如常左右兵衛次将以下陣於南階東西次出御近仗
警蹕次内侍臨檻大臣謝座拝〻昇殿此間上官着階下座次閣門次
闈司着兼明門代左右草墪座次内記於西階下進宣命奏聞之後
如本落字欤
返給次内弁召内竪二聲内竪頭主殿允藤井右道称唯参入内弁宣
云召二省称唯退出次二省輔兼代ホ参入式部輔代昇殿取三位以上
位記莒退出授兼代更昇殿取四位以下莒授兼代退出次兵部輔代
賜莒同前兼代ホ置函於庭中案上式東兵西退出次内弁召舎人二声大舎
人同音称唯少納言藤原朝臣公衡参入就版内弁宣刀祢召才称唯退
出次外弁公卿参入列立標下謝座拝〻造酒正藤原朝臣親業空盞
趍進奉之謝酒拝〻昇殿次二省率叙人ホ立標下次公卿降自殿列立
庭中次宣命使右衛門督俊明着版宣制両段公卿再拝宣命使昇
殿公卿還昇次式部大輔代右宗朝臣進案下読三位上、少輔菅
原朝臣在、、、読四位以下位記了次兵部輔代親業朝臣読位記

同前次叙人等次弟給之拝舞退出次一省兼代取笏退出掃部寮撤
案次諸卿降自殿拝舞了後本座次内膳司供御膳々々次供御酒一献之
後国栖奏二献之後召御酒勅使三献之後大歌別当源大納言師忠降
殿着舞台前床子座発哥笛舞姫四人於殿上舞之次公卿降自殿
列立庭中再拝了還昇本座次内弁昇殿着杖座先召見参禄法文
等外記進見参（五位以上一通 禄法一通）俘囚見参一通覧了返給次内記進宣命内
記次宣命傳授外記々々以宣命禄法見参等挿書杖西階下進之上
卿昇殿付内侍奏聞之後返給空杖次召参議藤原基忠卿給宣命
召参議藤原通俊給見参禄法等文諸卿降殿列立右仗南殿次宣
命使就版位宣制両段諸卿舞踏了昇殿次天皇入御々々後大臣以下
着禄所各賜禄了亥剋事了上卿以下退出
前書云節会了之後参摂政直廬令申慶賀次参太上皇御在所同令申慶
賀了

經信卿記 大納言民部卿

寛治二年十一月一日 癸酉 朔旦旬也午剋參内 例帯前駈 國宗 參入之間左府 天奏
按察被參會陣外共參着陣先是上達部両三輩參入少選攝
政参給ゝゝ内大臣被着陣又源大納言 侍従大納言 左衛門督左皇后
宮権大夫大蔵卿右兵衛督右大弁左大弁 之中二位中将三位侍従參入
但不着陣座
左府直云朔旦表未言字事相尋可申者而令問外記之處師平申云
寛和永承延久未例無言字者但昌泰有未言字者何様可有乎申
云両説候者可令随御欤之式令論奏式注未言字若可准彼欤但注上
判難知一定人ゝ被申云可被依近代例欤左府使蔵人弁為房被申
外記所申并昌泰例未作云依近代例未言字不可注者次使頭弁被
申云今日何事ゝ可候乎仰云御暦奏番奏可候者次召大外記被問御
暦奏番奏諸衛候乎申云御暦奏諸衛令催候者次外記史生二人

昇賀表案入自敷政門代立陣後次被催賀表、、、外記二人昇賀表案（案者色赤漆櫃赤金地角〻金從面敷青地錦函者厚朴木有蓋有臺又有折立案南北行立之函者東西行置）渡陣前（経）庭立南殿西廂東第一間次左大臣起座出陣第二間内大臣同前次按察経同間（可出次間欤）次帥出第三間磨北柱出源大納言侍従大納言同前右衛門督以下着参議出第四間（中納言磨中三間南柱可出欤）大臣起立西對巽柱南庭第二行按察帥以下大納言列立第三行参議列立（立間有揖然参議不立列）次左大臣揖離列北行入自軒廊西第一間當案西跪揷笏取函（不取臺）經案北（此間内侍出來居西階上）登三級授内侍却下揷笏左廻被加本列次揖左廻經大納言列前南行内大臣同前次按察同右廻自参議列前南入、、、

、、、、内侍臨檻〻四位少将顕實先經陣前着上仍左府以下着靴經陣前参上着靴經陣前（今度出自南第一間）自砌入軒廊西第一間参着兀子摂政坐御帳上卿坤角次出居侍従、、、、（左馬頭道良〻着靴經）昇、、

、出居召内竪二音内竪進立庭中仰云御飯給へ内竪称唯退〻来

（主上大盤之次立殿上酒具、主東廂第二間金椀金器）

女立御臺盤二脚〻一脚者南北行、内竪等立王卿以下臺盤立八脚人一脚出（御前立二脚、本置箸匕）
以下器渡、次供四種（陪膳下四種）次供索餅結〻下重之〻次供御飯（御箸匙汁）
居臣下飯汁（副御箸音、箸〻）次一献（御酒臣下此間〻〻）次下器度（内竪等各入、堅魚、堅塩、干鯛等〻〻）
次供干物菓子次御暦奏大略如例、此間漸臨昏黒、平却出〻三献之
後有番奏、次被奏見参云〻
御装束、撤御帳帷巻上南東西三面、御帳東面一間通東面柱立御屏（西若本）
風一帖、南庇西二間南上長押上立几子床子等、西隣子前立床子二脚、隣
膳案女草墪、御帳前異柱南去、〻尺立之、中門南廊東西、東對前東
退、〻南北行曳幔、南殿坤軒廊内立胡籙（有基壁）
後聞為立賀表列上達部出陣前庇之間、多以相違云〻、退出之於平（資之、兼保朝臣、賀陽院）
者、自是以前慶注置云、大臣出二間、大納言磨三間北柱、中納言磨同間（後実大納言〻出二間、世人為失之）
南柱、参議出第四間者、偏案此説所出也、又件事被注四条大納言備
志記者引見之處、上達部出陣儀云、一位大臣一間、二位大臣第二間、大納言

同間出中納言磨三間西柱例陣参議出同間東柱者若就此儀者兼
保慶記誤歟又々可相尋備就彼記無失錯也又々可尋々々又就四条
大納言備忘記重案之一位自東第三間出二位大臣自東二間大納言、、
、、、間被出梅案自大臣間出自餘大納言磨第二間北柱出中納言
参議皆自第一間出如彼記說皆悉相違是自例陣座今一間減故也可
有新儀歟

寛治二年十一月朔日壬辰天晴申剋参内 右大弁着装束具靴 前駈行春 上達部未参
仍参着殿上談話頭弁々々問人々顔次参集乃参仕公卿左大臣右大
臣内大臣源大納言師忠侍従大納言雅賢右衛門督俊明左衛門督家忠小忌
宰相中将基忠右大弁通俊左宰相中将保実左大弁匡房王位侍従
能実 新宰相公定
左大臣召大夫外記師平被問諸司具否申云無者参仮未参仮者重
遣催了者次召大内記在良被仰詔可作之由奉良入草於筥持来上

卿被見了後内記退出上卿目弁被示云相扶所労参仕仍付孔弁先奏
次奏下給云清書者上卿召内記下給不選持参清書又付頭弁被奏奏
下々後被尋中務輔外記申云基頼朝臣所労令申仮近過由也即相
尋仮也者令申云大略不仮歟上了召大外記下給了若是依可給中務輔々由歟依做音不伺
蔵人弁為房下奏申文下名歟先之上卿被申請々此職事持参而令職事直持参可尋是左良加階事也上卿召
着一日仮入眼参議左大弁、、、、、、召硯大弁前外記置左上卿持下名被目大
弁、、、進倚給之却帰書入下名更起座奉復座上了奏披見了
被々人々云可入営歟予申云職事只取下持参之様所見、、也左大
弁同申当仍召蔵人弁被付了次外記申代官次左府起座於陣
腋過着靴経陣前被進参、、内侍持下名進出給下名於二省了後如本被
帰了自餞上達部起座出敷政門此間予着靴着外弁座依上首可着不見右大臣以下此
惟先被着沓子若見忘却乱次右大臣召外記外記近代例乱就庭被問諸司次良久候又小
選右大臣舎人叩々女嬬言起床子座進参上達部起座為行中

門外少納言出召上達部列立庭中如常次内弁宣敷尹次謝座謝
酒次着座後々儀如常宣命使右衛門督上達部起座列立宣命使
就版宣制上達部拝舞如常次上達部[redacted]欲訪五節所
之處無可借路仍不向五節所是装束使可申請安路由事歟 次第如常
一献 国栖 二献 御酒勅使 参議保実 三献 大弁別当 下 次召大弁別当 新宰相 五節
舞後有拝次召退出

匡房卿記 参議左大弁

寛治二年閏十月十七日自左府有御消息仍参彼殿帥大夫参会以明
業令申案内敷円座二枚於対南廂主人冠直衣被出召俵気
色経南簀子着座主人先仰可作進朔旦表由予称唯々々来廿
九日拝可進之由申請々々令覧摂政事如何左府命曰長元々年賓
賢大臣奉仰召挙周朝臣作之永承五年宇治殿仰大外記貞親

令傳仰於國成朝臣ミミ、先令覧故右府 被附大納言 具後付

去十月廿六日戊辰参左府持参朔旦表、、也 書檀紙二枚立懸紙一枚書素紙 令申曰右所

労不出外可参北殿、乃参入左府烏帽子直衣即、、、、讀申一通

左府命曰可覧博陸但不可入筥、非奏文之故也者、又旬日献賀

表、著浅履、、、還著之時有事憚、、、者 故殿記有此次、、、 出南庭之時大

臣者出自東第三間大納言者共入自第二間、、、者

十一月一日 癸酉 早旦小浴依可随神事也午剋従内府被仰云巳剋可

参殿下具後相共可参内者

、、剋参内 元文帯折不襲也袍内府所給也今日依布衣代顕副衣服而参内之後上臈人ミ不使ミ可任々 傳立於陣腋右兵

衛督参會賀表案立於腋床子前以表筥横置其上其ゝ表案等

造曹司 佑像 仰木道工所令造也其ゝ面用東京錦地錦、、紫脚四角

有白銅金物自余前如先文記 寸法同先文故 左兵衛督云長元經頼卿細記

此事之中表案綴置案上之由所見也以此由示大外記ミミミ告大夫

史仍候欲置〻處案廣不叶菖花足長仍忽以工令造緒花足
爲房朝臣来云朔旦或有不當之年今年有三大不可當朔旦歟匡房答
申歟此由上皇并殿下所被仰也者予陳云三大三小〻〻之常也就中
貞觀之比置冬〻至於二日有仰令諸道勘申依是善者人亦議改置於
朔旦有朔旦賀先者也有前例仍所申歟不其由也又私問曰今日〻〻仕番奏
讀申紙簡之間以文字可向何方哉予陳曰向南讀之也又曰就版之時
一〻每人可揖歟予陳曰可然又曰置紙簡之時予陳曰可然又曰置紙簡
之時左府三枚右府三枚可帖歟將左近右近左衛門〻人右衛門〻左右兵
衛一人可帖歟予曰以先說爲宜〻近代用後說爲房曰殿下仰曰可
用前說又曰退時如何予曰凡就版位之人退時左方者左廻右方者
右廻也又曰供膳之時御厨子所御菓之中可有御汁物者去四月旬
守舊記不令供銀器汁物如何予曰必所供汁物也爲房曰上皇御
次第有御汁物仍今年可供又右大弁爲五位藏人奉仕旬行事之時

不供銀器汁物者又曰酒司具臺盤可立一脚歟去四月旬令立二脚予曰節
會立二脚旬立一脚也又云所立之物金銅鳳瓶一口并同酒〻〻仲島
可向何方哉予曰可向北(右大弁曰可向南者)海具形如何甑(右大弁曰似大盤)予曰大盤者
若節會〻〻〻卯子物事亦旬殊不見(節會所裝束不能見但東〻座前南北行〻幔十間許)〻〻
〻〻〻此間左府按察大納言民部卿經數政門内被參予依例啓
折於床子前爲房說於床子西北(予曰可然)不識而内府參入給被相待渡
御南廠之間日已及申剋此間適出御(内侍周防仲子因幡惟子自余女房未祢不諸当不參仍差仰典侍各一人令)
裝束可令進之未出御之間外記未令立案仍予催之著衣冠之使部不見
來史生盛方又束帯參入獨案立於陣座後南一間左府於陣座云
定等言字有妨事予曰依近例不可依歟即以爲房被申云(御元服表兼)
(平亦無)華字不可依之由人〻所定申也即被仰其由左府召師平奉仰師平
其次申云置筥縱横以何可爲正哉左府被問諸卿所申不定左府
被仰云如此之事外記可相尋不可待上宣延久之度横置之云〻

先是陣座前雨湿仍仰主殿司令敷砂官人又相具〻〻砂於中庭之
又被仰云陣頭汚穢已以事外也誰人可掃除哉早申云裳東司可掃
除而已儀而外記〻〻〻推宗仲信舁案下臈舁前入自參議後戸經陣前小庭
到南殿西廊立於東一間子年為妻表官卯酉為妻次諸卿參上淺履也西宮記淺履门四巻之文歟
寛弘以後記多淺履承保記云靴者還着陣之時者具靴仍用淺履〻〻去寛久元〻亦淺履仍用寛久例歟左大臣自陣座北第
二間出東小庭例陣座五間也西二間大將座二間一位大臣座五間大臣大納言座四間中納言參議座也五間是行合之間然而横切座也此内裏四間也北一間大將座第二間大
臣先着之第三間横間也第四間横切座仍不副一位大臣二位大臣共用第三間仍亦左府先日被示日朔旦时大臣者自西二間大中納言者共出自三間大納言者西邊中納言者東邊參議者
出自一間是各副可列立之由也〻〻此事〻〻〻前并可問故實〻尋内府師通起與座經參議座
後并角柱内自二間出給按察亦如此大納言也須自後間可出然而又依便議大臣自北邊出大納言自南邊出之儀也
民部卿經信兩源大納言師忠雅實三人自第三間北邊
右衛門督俊明左衛門督家忠皇后宮權大夫公實自四間横切座間北邊出
民部卿云中云自三間南邊可出至納言者不可用横切間大藏卿長房右兵衛督俊實宰相中將基忠
右大弁通俊亦自同間南邊出左府到於西對前東廂也於可被東進歟可當軒廊也

留立卿大臣一列大中納言一列参議一列並北上東面此間小雨然而於用晴
儀内侍出因幡未及南殿西庇之間左府揖離列内侍出居之後可被進歟入自新
廊西一間此廊只二間也就葉下跪揖笏夜莒不加花足經紫北到西階登三級
歟顧及授内侍退下於階下揖笏不揖左廻復列自上立列内侍参御所之
後左府左廻自絶言前退以下亦如此先是内府与民部卿於陣後可左廻歟可右廻歟由有議定予并民部卿申云
随上﨟全説也是内府御随身在御共予告曰今日不可令具随身給然而進給
之處已候小庭自参議座後戸退入次左府於陣次頭弁光申云番
奏御暦奏等可候歟将可付内侍所歟此間左府被定曰起座可
着靴歟予申云此間被下之宣旨可有歟左府會曰何宣旨哉予
申云未得解由者可令候座由也左府被立此間季仲来於陣後
仰伴宣旨左府召大外記仰立被仰於陣可被奏御暦奏等於可候次内侍出周防
次出居将右少将顕實朝臣着靴餝劔蔚自本陣出参入着座先是内府以為
房被申殿下曰有大臣大将之時大臣大将先昇雖有親王等於参上也而舞禄称才
一大臣非大将出居将所参上也右大臣兼大将為上﨟仍被参時被〃彼人先参上

今日右府不被参若大臣大将先可昇者也当其仁随御可参上為房帰来曰依無先例坐居可先昇者殿下作旨顕光謂吹左府以下着靴次
第参上二位中将三位侍従亦今度行列先是殿下天相尋曰非参議人々可退出歟民部卿被申云賀表列不
可被列自座可被参上座狭中納言皇后宮権大夫以下不能着但称参議人又人
公可候左京大夫着之自余公卿自新廊退帰予又退出参梅宮
始従神事也与右少弁同車於姉小路猪隈々装束
十一月六日戊寅雨降晩頭参内府事次問申納且日公卿路以何為可
上説哉殿下作旨如何仰曰殿下旨於自本座間可出也今度皆遠例
也横切座間遊間数然則左府可被出自北二間北邊而用中央失也
椽簾可被出自同間南邊而用中間又失也民部卿以下三大納言
可被出自同間南邊而自第五間北邊亦失也右衛門督以下二中納
言可出自三間北邊而自横切座間出失也大蔵卿以下五参議自
才々間南邊可出而用横々切座亦失也云々
表案可用黒漆案由見西宮記故右府記被雖用漆檜案由云々

可引西宮十五巻抄而見之
十一月廿一日壬戌 早旦送書状於淡路守行實許令申仙院去夜懸
死小忌求長袴下襲也可被申下之由不可参給私可被下之由云
位
乃下給打下襲 行實曰已以奏聞依仰抽義蕃所給也
又自内府下給下襲是依夜前申也但依不足重令申院也
日蔭鬘
以日蔭引姻巾子結之以梅花貝令造梅花日枝許長一寸付之於日
蔭當冠上緒前後程各付
小忌袍
以白布細厚張之借有宗朝臣形木以糯飯塗形木搶布於其
上墨摺其上頸摺數但其身一幅一幅亦有鰭袖大略如狩衣但
前長後長一丈二尺
半臂

罽羅也其身面濃蘇芳打裏薄以罽羅為襴一重半臂亦羅也〔減此紫色是也但半臂奉仕賀茂臨时／所給也慮外留在櫃底〕

下襲

後長一丈二尺餘 是内府所給也 院所給頗懐義仍為躬後

晴不着用 白袙二領 白単衣一領 紕方隠文帯 金銭袋等也 自余

如常

自按察大納言許兼送今夜舞姫装束是濃打袙一重也〔頗長自例袙等之故／着常间自可也〕

申剋参内今年依有叙位可速自例年云〻

左府後被参左衛門督又早被参小忌之人〻不必着陣仍停立此

間按察大納言被送舞姫今夜装束〔濃打袙一重／濃袴一腰〕

次可令清書由被仰又作括被奏〔有御畫〕未被下詔書之間以為房

被仰菅原朝臣在良可叙正下〔案〕是去日叙位被賞諸道紀傳

獨漏恩争令申曰諸道之中以紀傳為宗明経無可叙之人、給

正上於師平文学院何漏其〻恩宰明年可叙位之者在良広〻継等
也前例朔且之年可叙之者被叙者例也如何仰云正暦年紀傳殿
人又令申云信順彼已預加級是豈非紀傳乎又被仰曰広継在良
中雖人可叙哉又令申云其者前例但至在良者幾〻劇務曠久奔波
又如成孝者只大内記労朔旦年叙位已有兩方理可被叙在良歟、
〻〻所被仰如此者被挙用乎議歟左府付為房被申下名是予所書
也此間被下詔書左府召大内記被尋中務〻輔並参否可参入者即
給師平可令傳給者次為房下〻名此次左府被仰為房詔書施
行以前可免見因由（須於弓場奏之也／為房小恐也）為房奉之出給宣旨書於横路
違使〻〻次左府令官人召予〻参入可居横切上頭由被仰（右大将在座／依仰着其）
上次召官人令置硯次左府被召予参入左府被仰曰在良叙正下
第可書入依為入眼参議也者予申云第者可被注叙位簿、於下
名者所不注也即還座書入之於光平上奏言下了　菅原朝臣在良

六字也即返上〻後座左府被議曰入筥可奉歟将不可入歟予申
云前例更不入筥左府被申云或入筥予申云名非奏書上卿申
下令書入也又年来更不入筥左府遂不入筥付為房被返上次撤
硯次予退座次左府召大外記被仰以白紙可令讀由可傳御者次
外記宗政申代官如恒次被奏外任奏次主上渡御南殿〔俊明卿奉仕御装束歟〕
内侍持下名臨檻左府経陣前著西階〻下名還着内弁兀子如
恒式部兵部説家兵部兼〻〻給又如恒次諸卿著外弁〔着靴西車宿砌〕
右府以下先着可依前例以小忌為先而已次小忌左衛門督〻〻例
着大臣上予座獨床子也右大臣民部卿源大納言權大納言右衛
門督宰相中将基忠右大弁通俊宰相中将保實新宰相公定
着〻次少納言公衡權右少弁為房着少納言着立南外記史又
着其後床子此間右府被命曰小忌可為先而先着是癡忘也又
外記弁可問事何〻哉予大略申之右府令召使召外記〻〻雅仲

跪候右府被問曰大舎候哉、、候哉二省候哉叙列候哉国栖
候哉雖伴毎慶申去候不大微音被督 右府仰曰令候与内弁作法不能見
閑門之後久経程是被稽侍記者亦之程歟不能見仍不記之儀而
大舎人於西中門外称唯少納言公衡、、参上此間公卿起座為行
於幄北弁為房起座磬折而立次公衡還来出幄外暫息更立
幄中称唯高次於幄外立北邊小忌以下公卿入自中門列立於標左衛
門督立於少将座前 近仗起列立了左衛門督磬咳内弁宣敷居尓群卿再
拝先寄左膝立企右足 酒正親成捧盃屈行到左衛門督前相跪左衛門督
取盃不取盤 酒正到殿坤之間左衛門督起再拝群卿亦再拝酒正
参来左衛門督亦跪返盃次左衛門督以下左廻入自軒廊著座小忌
在南廂西第一間自康子不入著之 右府三大納言著母屋南座右衛門督宰相中将著奥
右大弁保実公定著外左府被問殿下曰王卿訪立節所程哉殿下
被仰曰叙位以後歟云々二省門叙人参入諸仗立内弁召右衛門督給

宣命〈依一條被用中納言例〉後明文於内弁座間揖笏給宣命左廻復座次小忌
以下并内弁以下列立〈内弁命曰可出自西廊東一間二間者立離其程可用次間〉
東面北上列立左衛門督當右将前仗前立依無所我予立於其南
宣命使就版〈大内之儀可経両机間然而此儀自西進仍経案北〉宣命一段群臣再拝又一段群臣又
再拝 宣命使當版一尺許立宣制ヽヽヽ〈作可北進由長納言者可北寄我後明守参議之故也宣命間左閑左顧並依西礼〉宣命使復座〈欲北折有〉
揖群臣復座式部大輔代太皇大后宮権大進有宗朝臣ヽ唱太政大臣
位記〈者録取之〉次少輔在良召唱大外記師平不立叙列立階下〈左府被曰来催〉次
兵部輔代召唱武官ヽ武臣先拝文官後拝殿下来催仰曰桐依駄
道一度可拝我諸仗居二省暴代取筥退帰却撤案退ヽ次王卿
下殿拝舞〈西面北上謂之親族拝〉ヽ又復座此間王卿可訪五節所也而無路
撤下仰曰經御湯撤今者太可見苦北渡殿高欄太高左右桐識遂
不被相訪此間采女撤御膳ヽ也予向五節所〈依無路経撤上前御湯殿今善撤太無便宜然而依不獲〉
〈此也〉此間供御膳ホ我不能見後聞供御飯ヽ後供白酒四度之後給臣下

一度供黒酒四度々々後亦給臣下一度一々献國栖奏如常次二々献御酒勅
使左中將保實右廻下殿取外記夾名昇殿進之於第二柱東二尺之
後左廻復座次三々献此間予又參上著小忌座之上弁著而依大哥別
當大納言師忠卿下殿内弁起座被奏々々召參議公定卿被仰又右
廻到南簀子〔召御酒勅使之所〕揖左廻下殿次大哥別當參上次内弁起仰可下
小忌大々々々左衛門督予等起座内竪等舁臺盤下出第二間次舞
姫出〔以中馬上〕舞等終内弁被仰舞可入由
今夜予五節付童之人〔藏人少將能俊 右少將有家〕几帳〔時範〕抱舞姫之後〔藏人朝輔〕
舞姫〔著青摺蒔櫛敢櫛等〕童下仕〔用覧紫末但垂汗衫々々々〕
次小忌以下又列立拜舞〔謂之樂拜〕
内弁不復座着陣見參々々上殿被奏々々還杖復座召宰相中將基
忠〔左廻復座〕給宣命召右大弁給見參右廻下殿々々史就禄所〔參弁 云々〕次公
卿以下列立奏忠々宣制一段群臣可再拜也而小忌人々取笏左府置

芻欲被奉踏而依小忌人々目被示監吹之由拜舞混雜太无便宜次内弁以下一両禾上次小忌人々就祿所給祿晩庭上再拜退出人々皆退出了

今夜於五節所給髮上絹五十尺又給柳[illegible]色。衣、、單衣一領袴一腰了女官一人給八丈絹一疋綿十、、名孫依日来格勤也明旦所給也髮上申大柄一口令給之中佔不給也童女亦今夜自里節送了給裝束二具不給唐物或人云裝束一具不可給然而何不剩人衣料掃昨日織物汗衫表袴以下依已裝束、、不改之明日爲房送書状汗衫、殿下御氣色曰去年右府獻之五節童著織物然而依前新宮給々毎著汗衫今年令著之旨如何似破制法然而依明日可著座無其汗衫者即令申云申付他人之間不知去年子細謂所用織物也臨御覧劍不能改、、、、之無何事比之致無所避申者此事先日令、、、、、、殿政所御氣而殿并上被仰曰織物可任意者今仰旨如何又保實卿獻五節時令著織物汗衫令仰曰旨不知由緒凡近例皆著之云々

送大師許前物一具 九本絹廿疋 大蔵省
送理髪許前物一具 九本絹廿疋 頭弁
廿一日
送大師許
菓子百合在臺 絹百疋 綿十屯 以上各裹紙入長櫃 絹者各五十疋裹之

季仲卿記 于時頭弁
表案高三尺許以檜作之濃檀淡色以唐錦為敷物四面有伏組
四角垂総四足以金銅并裹之表筥以朴木造有錦折立有花足
々々面敷唐錦件表案外記使部立上官床子前々々後外記史
生二人可立歟試門内也而依御後々間不知案内可尋

寛治二年十一月 癸酉天陰雨不降今日朔旦冬至也予巳刻参殿下
云早参内可催諸事中務輔各有故障之由夜前外記所申也其後不
申参否早可令催少輔廣綱者予即参内先勤仕南殿御装束其儀
撤御帳帷壁代等 装束使昨日勤之 御帳帷巻而御帳五六寸許北押其内敷両

面畳三枚立平文御倚子代 不敷蘂 御倚子前置兼足具、、、火爐左右有
置物机師子形立御帳、、臺上御座西北角敷円座一枚 摂政御座 御帳南方
立小机 為懸二御大鏡也 御帳南廂敷草墪一枚 陪膳采女断但東方 御帳後東西各去一間
立大宋御屛風各一帖 西ハ東面東ハ西向各相向御座也 御帳後敷青錦畳二枚御障子北
、、間敷両面一枚同西掖有御装物所其ハ西敷所司畳二行 東西女房座 従御
殿至于南檄有遊道檄南廂西第一二間立公卿兀子長床子一脚左大
臣兀子西第二間柱東進一尺余立之然則三間西方也是已故実也西
廂南一間立床子三脚 出居、、後有路 西軒廊西第一間西柱下立火爐并案
案北火炉南 具ハ南壇上立牢櫝一合 東西妻 同軒廊東方西階南掖立銅胡瓶
有案併敷物東向或人云節会之外不可立胡瓶云々 東堺前并廊前南北行東、所司幔中央有幔
門中門北廊自母屋柱東南北行東、所司如 落字ん 節会具ハ前立長床子三
脚 蔵人弁云併床子今日多可立歟予答云未得解由者近代雖元作不着件座仍不多多立也 階下左右敷殿上人上官
座如恒今日御装束大略如此但案装束使記文南廂外自母屋第

一間至于其北敷親王公卿座又出居床子三脚也中務輔位式兵両省標
如常節會者雖載記文近代不然、今日亦無其尋上古就件記文奉仕
御装束之時或被改定云々
未刻許左大臣以下諸卿参入着右仗先是使部二人舁表案立上官床
子前北砌（東西妻云々先例外[illegible]史部着袍者二人舁之 今参官使部不着袍舁之違例也）申始出御南殿内侍二人
執御劔前行一人璽筥候御後摂政殿下先令出南殿西戸給予進西對
弘廂催賀表案良久外記二人舁表案出同陣座方立軒廊東一間中
央（頗進西南立之表案南北妻 表筥東西妻横置也）外記二人少外記惟宗仲信権少外記中原宗政跪
挟笏退出此間左大臣内大臣按察大納言民部卿源大納言権大納言右衛
門督左衛門督皇后宮権大夫大蔵卿別当右大弁左大弁次第立陣座
参入（但陣ヽヽ入間大臣大中納言有差別 立之乎不見之後仰後ヽ故也）二位中将三位侍従依非正員不列立之先
左大臣西對巽角進立去南溜五六尺其南内大臣一列其次按察大納
言以下至于皇后宮権大夫一列其次参議亦以一列各以重行（此間微雨間灑）

立定左大臣揖離列入自新廊西一間進案西方跪地挿笏立取表莒
不加花足（花足留案上）經案北頭昇西階三刻立内侍出取莒歸入大臣以下
下歸下抜笏左廻加本列揖左廻經納言前歸着陣自餘諸卿一々
退出予催外記令撤案二人舁之如初去此間予兼仰々式部兼職房
令置表莒於晝御座置物御厨子内了 内侍執御釼置西置物上（以西柄北）
其東置璽御莒東机上置式御莒 殿下（被敎内侍令置之給）次出御帳中此間殿下召
予被仰云未得解由者令候列耶出陣仰左大臣大臣召外記仰之左
大臣以予被奏云御暦奏可候哉奏此由之處仰云皆可候也歸出仰
此由大臣以下皆立陣着靴此間内侍出右近衛權少將藤忠顯實着靴
出自本陣昇自西階着西廂床子座大臣以下一々参上左大臣内大臣按
察使民部卿源大納言權大納言右衛門督左衛門督皇后宮權大夫
一々着兀子餘諸卿依無座席漸廻新廊二位中將三位侍從同有此
中雖非正員先々預斯座云々異其賀表列儀參議不入可候座之由被

仰下仍大蔵卿進着座次出居侍従左馬頭道良朝臣進着座此間上官参入着座出居侍従不燸座退出采女舁其臺盤過南廂茅二間之比次將候内竪二音内竪参入次將仰饌采女立御臺盤一脚於御前〈東西妻〉一脚立小机上〈南北妻〉此間造酒司酒器御大盤一脚采女傳取立東第二間中央〈南北妻頗迫南／不敷筵〉其臺盤上南立鳥頸瓶北立酒海次陪膳采女留草墪次内竪立臣下大盤兼置箸匕四尺三脚八尺一脚〈依所狭不／立今一脚〉此間下器渡内竪四人取下器朱盤〈各居朱／垸四口〉受索餅帰渡次酒盞着座〈雖有催／未着〉次供四種次臣下四種次供索餅次賜臣下次御箸鳴次臣下随下箸次供鮑羹〻〈以件御盤便撤／索餅御垸〉次供御飯〈以件御盤撤鮑羹撤下仰采女持帰為房朝／臣預弁平不然撤下不給仰此陪膳采女所〉為〈歟〉次臣下飯供菜物汁物〈進物所供御菜平盛六坏窪器物二坏御汁物二坏皆盛銀／器有蓋各居中盤供之件〻進物所御汁物二坏未弁為／房朝臣不不供也依其例去四月旬平申事由不供但今度供之屢遂其頭實家成入道衣／申云件内膳御汁物尚可供也者為房朝臣为伝聞此説先初見故権大夫資房旬記供／件御汁物之／由不見〉次御厨子所高盛八坏干物二坏御汁物二坏合十二坏盛土器居一盤供之次賜臣下次下御箸次臣下随先立匕次立箸次供御酒

次酒番二人起床子座入自西戸勸盃唱平次下物下器渡内豎四人取
下器過版位南付東階内膳炊交堅塩干鯛堅魚菁茄物亦内豎受
之帰渡昇自階王卿并出居毎物一箸二箸取分〻内豎退出次供菓
子干物 取分下物〻間供之 次居臣下盛物菓子次二献次将曹一人率近衛開左
掖門 南掖門也 闈司一人出自弓場殿方經門前進南庭 須出自脇門也而自廊進出失也 闈司著
版奏勅云令申与 主上自口宣闈司帰入次中務輔廣經率陰陽寮舁
机脇門参入立庭中伴御暦案去版位南一丈立之其南去〻許丈置
頒暦案横無案此間中務著版位奏其詞不聞無勅答揖称唯退出
闈司二人出自脇門舁御暦案於自版位上昇自南階立階東間置子敷
上 東西妻 闈司降立南階脇内侍自御帳東進出取御暦置向本路復御帳
後摂政被示仰云可持参西方内侍随仰参帰入先是漸昏黒〻主殿寮
奉庭燎闈司昇自南階撤案立本所退出次少納言成宗率内豎
四人入自日華門立暦案南下 旧例内豎六人也今度四人可尋 抑此舊記者少納言立頒

暦南内竪令昇机退出〻（少納言令昇暦退出）而今度少納言立案南内竪二人昇暦横逆
出蔵人弁来御後談云承兼炎久会此儀者予答云少納言進寄者例
也無者失也承兼度依日暮番奏御暦奏被付内侍所何有此儀乎
次闈司出自腋門着版位立勅云令申与次左少将俊忠右少将能俊左
衛門権佐為房右衛門尉重房左兵衛尉兼季右兵衛佐経忠〻各挿簡
出腋門当于版位左近左兵衛左（少将）衛門次第讀簡如例其聲分明但尉
兼季儀依隆时不参之替自本座府忽備此事依無兼日之支度進
退失方慰然〻而立其間寵有勅答勅云ナ分次闈司二人出自腋門経簀
奏将佐前立東一〻来傳授闈司〻〻各取重三枚昇自東階自東簀
子来立御後予左右近簡各一枚令参賣闈司授内侍於御後障子
下内侍二人取之進御帳西懸簡頭叢経御覧了返給件簡授闈司
當御後須給内侍所状〻〻次三献次臣下三献今度諸大夫可着座
之由不充仰近例如此〻〻次左大臣起座着于右仗召見参須而挿奏

杖外記相随大臣於西階下取奏立内侍出取見奉自御後覧畢下経
御覧返給内侍々々給大臣々々退出於軒廊給少納言々々此間主上起
座内大臣乍居座称警蹕兼左大将内侍執御剱璽如初頭中将取式御
莒給蔵人弁仰蔵人令取御暦置々物御厨子今日儀大略如此不違其記

為房卿記　于時蔵人々弁兼左衛門権佐

寛治二年十一月一日癸酉天晴今日朔旦冬至也早旦頭弁亭候下奉仕 亦定 旬出御南殿
御装束具儀同二孟旬 二御厨子立西階腋草墪立東出居座立三脚 記文三脚然又近例如此々 諸大夫座儲春興宜陽殿壇上而今日只立酒番床子二脚不
設件座 申刻出御南殿暫御北庇 御総角糸鞋女房十人扈従者 色唐衣紫末濃裳 爰聞御出
如何
告左大臣内大臣按察 實季 民部卿 経信 権大納言 師忠 雅實 帥 伊房 右
衛門督 俊明 左衛門督 家忠 皇后宮権大夫 公實 大蔵卿 長房 別当 俊實
左宰相中将 基忠 右大弁 通俊 左大弁 匡房 亦自右仗列立西對前庭
北上東面浅履大臣一列大中納言一列参議一列 二位中将三位侍従不立列 先是少外記仲信宗政舁賀表

案主西軒廊東第一間 已剋使部舁主弁宣床子座前 唯温明殿前庭 外記使部二人著袍可舁、今日不然、次外記使生二人舁之、主神座南、外
唯敷政門内二人可舁之、一ゝ違例也、外記二人舁之、綏杖座東庭主之、件表筥日来依左大弁卿製作 大左
宣旨少納言知家書之、紙白色、公卿署兼日以史生成方令取之、參議公房卿依職不署、宰相參議名下
无木官二字、畳紙在之、其外無所見、大唐六典公式不注表儀、唯近例不可書、御出以前以予被執奏
寛弘権大納言記不書華言字、成其疑、就之一昨日尋先例、可被定申之由、以予被宣下左府
也、件表筥朴木有花足、鏁主面主押青地錦、置檜木葉、銖濱枯色 次掌侍仲子臨
四角有丸緒、総筥面押付錦、官厨家勤仕之、正暦記、筥面押繪者
西階上、次左大臣臨案下 入自第二間 跪搢笏取函、經机北昇階、授内侍 不敢花足
還立本列、次内侍持參御前、御覧々々後以藏人令置御殿置物御厨子 次左府經内大臣後大
納言前還入、諸卿次之、着座 杖 次外記撤表案、加入儀 件案納外記者 次以頭弁
季仲朝臣被宣下、左大臣未請解由、諸大夫弁未赴任國司、可令假座
之由、次出御帳中御座 敘位筥置右机 式筥置左机 摂政徹坐帳中 乾角敷円座為御座 次掌侍
推子臨西檻、次右近少将顕實朝臣參上 内府雖被帯大将、任近例左府先被昇、仍出居參先是以予被申定
也
徹下、次左大臣以下諸卿着座、次侍従左馬頭道良朝臣着座、次内膳
供御臺盤 自東階供之 采女傳取立之、次出居少将内豎二人ゝゝ參、可給御飯
之由、次陪膳采女着草墪、次采女置御酒具立南廂東第二間 御臺一脚立

三三二丁オ

酒海風鈍等去年立三脚依天慶記也然而記文立二脚又近例皆以一脚者随近例也次内竪立臣下台盤居箸次内竪
四人取下器渡東先酒盞著次供四種以下器渡也而左府御次第依故右府命被改了也次酒盞著今日遅者次供
御四種臣下從之次采女供索餅銀器内竪受索餅還過版位之程
供之給臣下次御箸鳴臣下從之次供餛飩々々銀器撤索餅不給臣下次供御飯臣
從撤索餅次供進物所御菜銀器六種坏二平盛六汁物二坏也件汁物去年并去月不供之任近例不供也而師入道資仲卿次第不注汁物就之不供々々但彼入道注落也可供之由有遺訓之旨顯實私日所承也又申院了云可供之旨有仰加之不供之条舊記未見明仍今日令供了為房所奉行也
次供御厨子所御菜高盛七平盛三汁二以上土器一盤元阿末加津土器次臣下菜物汁等菜物二種次御
箸鳴臣從次一獻采女供之臣從之酒盞勸次下物下器渡東即還給女卿
四盤次第々々分取次供菓子干物八坏居一盤臣從二種次二獻臣從次御暦奏具儀
近衛開門将曹近衛各一人唯擬門閉中門南戸闈司可分居而今日不居出居所行也可尋次闈
司一人自擬門著版奏勅答曰令申与次闈司還出次中務省率陰
陽寮齎參御暦机舁人給暦案横等中務少輔廣經兼為陰陽頭闈随率官人等齎參去版
南一丈立御暦案二巻納黒漆筥立門案其南立人給暦案横納黒漆案横殿上料一巻借古納白紙卅巻

省奏退出（皆著浅履 可著靴歟）少輔廣縄獨留去案下就版奏曰陰陽寮乃供
奉（礼留）御暦進（以上）案申（須順 微音）奏勅答小揖退去次闈司二人入自掖門舁
御暦案昇自南階立南簀子敷東第二間退降暫候階西掖次掌
侍出自御帳東取函經御帳東西奉摂政殿々々下取之便令置西置物
机上給（延久御記於帳東奏之即 取御令置東机給）次掌侍取函置本机上還入次闈司舁
自南階舁案立本所還去次少納言成宗率内豎就版令舁[redacted]
御暦案并人給横木退出（近代内豎直令舁出者）於門外頒（頒）頒（頒イ本无）諸司又可開門而近
代無其儀次六府番奏仍先近衛開門次闈司一人就版奏勅答令申
旨次闈司還出次六府佐判官亦各取簡問（左近少将俊忠 右少将能俊 左衛門 權佐為房 右尉重房 左兵衛尉）
兼季右佐経忠亦入自掖門当版押去三許尺人第一人立当次第東上北面列立但六位在
列後去一許丈各小揖立定五位著靴帯剣笏六位帯弓箭（緌亦）
就版各奏（依上番左奏十六日以下者旬之時右奏下番也左近奏後予奏之左右 乃靫負司左申久霜月乃上以番亦仕ヘテツル可奏伴乃名付今乃簡進止申氏
其聲及御座 左兵衛府不奏）勅曰置介同音稱唯置簡闈司二人入自掖門取簡（先第簡渡 右将ミミ渡
左将次左兵衛簡平取之次第傳之左将三枚取重天渡闈司一人次右近右衛門右兵衛亦
簡右将傳取天重天又渡闈司一人如日記亦者次第轉取者不分左右歟但近代如此）

到南殿巽角之間將佐亦退去予一揖右廻退入自余人々不揖左廻退出不知故実歟主殿之人左右陣之時ハ左廻出右有陣之时ハ右廻也闈司取筥經殿東庇自御後付内侍々々二人取之參御帳西方奏筥於置物机右郎持帰授闈司了闈司可經御帳東障子也又於御帳東方先々所覧也今度於西覧之就椅御座依在乾方歟次三獻臣下從次置御箸臣從取筋次左大臣起座取見參文於御帳東屏風下授内侍々々奏覧陛下覧也返給授大臣々々退下給少納言次還昇復座次宸儀入御内大臣警蹕依常大將也無撤饌之儀賀表不載亦言之二字昌泰表有之折立青地錦以繝唐綺立御基盤一脚近年度々只用一脚出居床子立二脚記文立三脚二脚又近例也左大臣先昇大臣大將後昇是又近例也

時範記

寛治二年十一月一日癸酉午剋陛下令參内給今日依朔旦冬至也申剋出御南殿内侍二人從御劔璽安房八人扈從各著平絹子目染裳亦藏人仮式御笏

先是外記惟宗仲信中原宗政舁安表函案賀表左大弁匡房ヿ作之朝綱卿亦例也中納言知家書之

朴木莒在前上莒中有折立 居下机安高机上 入自西中門立西軒廊東第一間退帰次左大臣内大臣
按察使藤原朝臣 民部卿源朝臣 権大納言源朝臣 雅 右衛門督源朝臣
左衛門督藤原朝臣 皇后宮権大夫藤原朝臣 大蔵卿藤原朝臣 左近中
将藤原朝臣 基 右大弁藤原朝臣 左大弁大江朝臣各着浅履出自右仗参
進列立東壇 謂中殿 南殿 庭元弁 大臣一列参議一列 乙上北上東面 次左大臣進到軒廊内侍臨西
檻大臣就案下揖笏取表莒 不取下机 自案北進西階授内侍退復本列
次大臣以下引還右仗座次外記撤案次宸儀出御帳中右机安御劔
璽莒左机、式御莒次内侍臨西檻右近衛少将顕実朝臣著靴出自本
陣著床子 南 次左大臣以下散三位 右近中将経実 二位侍従能実 以上著靴出自仗座参上
著座次侍従左馬頭道良朝臣入自西中門参上著座 北 次内膳官人以下
八人舁御台盤二脚出自東幔門就東階供之 取履 采女舁之過東
第二間之間召内竪 二音 唯参上出居将作云大夫達御飯給、采女立
定御台盤居膳采女留着草墩次内竪立臣下盤 撤居箸 七本 次内竪

四人取下署東渡於東幔外受索餅次供四種 四坏有蓋 擎子 次賜臣下次下
署内竪帰過版位巽角之間采女供索餅次給臣下次御箸鳴匕匙
之次鮑御羹便撤索餅境次供御飯賜臣下飯 撤索餅 次供内膳司
御菜汁物等 六位坏物二坏平盛六坏汁物二坏各中盤有蓋 前例近代不供汁物然而今度供之 次供御厨子所御
菓汁物高盛七坏平盛三坏御汁物二坏 居一盤无空土器 次賜臣下菜物汁物等次御箸下
此間酒養着座不供御 四種以前可着歟 臣従之次供御酒 有蓋浸居 御盞 酒養賜臣次下物下署
内竪東渡就東階下受下物 炒交一坏 堅塩一枚 焼卯鯛 堅魚一枚 青菜一枚已上毎盤数紙分也 次下署内
竪直就西階昇殿到群卿前分取之間供御厨子所菓子干物 菓子四坏 干物四坏
居一盤 次給臣下次二献給臣下次右近将曹 褐衣 開左掖門代 西中門南 次闈
司入自同門就版奏勅答 令申与 闈司退入次中務少輔広綱并兼章
陰陽寮暦博士舁御暦案并人給案横木入自同門立版位南去一許丈 人給横
之其軾 輔広縄燭当進就版奏無勅答退入次闈司二人出自同門来
進舁御暦案舁自南階立南庇東第三間簀子闈司退下暫候階

下次内侍進出取御暦莒経御帳東北奏摂政（殿下御帳乾角如例）先内侍開莒覆
御暦覧了令巻元置物机給次内侍取空莒自本路進出置案上次闈
司参上舁案立本所退入次少納言成宗率内竪入自西中門舁案并
横木退出次闈司奏勅答令申与闈司退入紫間堂上供燈堂下挙
炬次左近衛少将俊忠右近衛少将能俊左衛門権佐為房右衛門尉平
重房左兵衛尉平兼季右兵衛佐経忠等（五位着靴六位帯弓箭着糸鞋）各取簡入自
同門就版（三々振上簡左府奏之）勅答置分唯闈司二人出自弓場殿取簡次六府
退入闈司舁自東階経東北廂参上付内侍伝取簡次六府退入闈
司舁自東階経東北廂参付内侍伝取奏聞了返給（内侍二人取左次三右近各一枚）
献給臣下次左大臣退下於右仗見之参禄司禄了令持外記参上
於新廊取之舁自西階参上内侍摂政覧之了返給大臣降殿召少
納言成宗給見参文不召弁被存省略也次上卿退下次入御出
居将稱警次還御本殿供夕膳

如本　時範記

寛治二年十一月廿日壬辰天晴今日節會也未剋参内申剋以藏人頭左中弁季仲朝臣被仰恩赦事於左大臣次以同人令奏詔書草次令奏清書次以藏人權左少弁爲房被仰大内記在良可敍正五位下由於左大臣次左大臣以頭弁奏外任奏酉剋寢殿出御南殿内侍二人取御劔璽女房八人扈從（已上着簪纈纈、泥繪　唐衣裙帶、、）藏人取式部筥并位記筥等次藏人安位記筥於大臣座具臺盤南頭次内侍取下名臨西檻内弁左大臣参進於西階下給之退歸着宜陽殿代兀子次召内竪二音内竪参進内弁宣式部兵部召之内竪退出次式部丞橘説家兵部丞藤原知實参上各給下名退出次内弁復仗座次左右近仗陣階下次寢殿出御帳中近仗稱警内侍安劔璽於右机藏人安式部筥於左机次内弁驚蹕聲着兀子次内侍召人（出自西屏風下臨西檻）次内弁謝座昇自西階着座次右大臣以下着外弁次近衛開門次闈司二人出自敷場殿分居西中門左右草墪次掃部寮立位記案

於舞臺前東西（式部在東兵部在西、但式部立二脚、依有上階也、而今度先次立之）次内弁降殿立軒廊大臣
記立艮取宣命杖奏於内弁々々取杖昇殿進西屏風南取内侍
々々取宣命覧摂政了内侍返授内弁々々降殿返杖於内記還昇
復座次内弁召内竪二音（内竪進）召内弁宣式兵召也次式部輔代
（一人兼代二人兵部輔代又兼代一人称唯内弁召式部輔代）参昇殿取位記筥一合艮退下授兼代還昇又給一合艮退下授兼代
（而立次召兵部輔代参昇殿取位記筥而退下々授兼代）両省一度昇也業上、、、次内弁召舎人（二音）大舎人称唯（於承明門外）少納言出衛（小忌）
昏参着版位内弁宣刀禰召也少納言称唯傳召次左衛門督左大弁（已上小忌）
右大臣内大臣民部卿源大納言々々権大納言々々右衛門督左宰相中将右大
弁新宰相（新宰相中将）二位中将三位侍従入自西中門参進立標諸仗（兵）次内弁宣
公卿謝座次告造酒正觀業授空盞於左衛門督謝酒了昇殿着
座諸仗居次二省輔以下率叙人列入立標（諸仗立）次内弁召右衛門督
給宣命々々使復座内弁已下（小忌為先）下殿列立（北上東面）宣命使離列進
就宣命版宣制両段諸卿毎段再拝次宣命使復列公卿復座次

二省輔召給位記先式ア大輔在業敦昌唱之次兵ア輔在良唱之次兵ア輔代唱之叙人給位記了文武一度拜
舞退出先是二省退出並取苫掃ア撤案次内弁以下降殿列立拜舞諸仗不立公卿復座次
采女撤御臺盤肥御盤二枚撤之内膳於階受之次陪膳采女留着草塾次采女令史
取杖前行警立版肉膳奉膳以下八人擎御膳八坏御四種飩索餅鋦納桂心等皆盛銀器盤
坏居中盤在蓋次給臣下粉餈大膳給之次御箸鳥臣下應之次供鮑御羹盛銀器居
中盤有蓋索餅御挽便撤次供御飯飩挽便撤飯次供進物新菜汁物窪坏三高盛三平盛三汁物二坏列居盤
有蓋皆用銀器次供御厨子所御菜汁物高盛八種物二汁物二皆盛土器居二盤侍之或居一盤次給臣下飯
菜汁物次御箸下臣下應之次供黒御酒八度用土器有瓦居次給臣下次供
白御酒八度給臣下已上拍手歛之次一獻用銀器杢蓋後居給臣下酒番給之唱平々次吉野國栖
於西中門外奏歌笛次二獻酒番勸臣下次内弁起座奏侍召左衛
桐中将、、、、、、檻召之退復座次三獻給群臣次大哥別當源
大納言起座降殿出西中門次大哥参進別當立門内次内弁奏了召
新宰相仰可召大哥別當由次相公陳南檻召之即下自西階令近衛

官人告召由、次源大納言參上着座儀出、揖離移立床子前舞臺北
頭、次大哥參上、就床子發哥畢、次下小忌臺盤、次舞姫出列立南庇
主殿女官四人秉燭照舞〻〻姫退入、不可退出、次内弁已下降殿拜
舞、次内弁降殿向右仗見參目録、歸參取杖、昇自西階參進付内侍
奏之、即以返給内弁〻〻降殿、給杖於外記、後度召左宰相中將給宣
命〻〻使後度、次召右大弁給見參、大弁降殿、次内弁以下降立、宣命
使就版宣制一段、又一段、宣命使昇後度、次内弁以下昇後度、次宸
儀入御　大将称蹕　次公卿退出

外記
嘉承二年十一月三日甲寅、左大臣以下參入、有御即位定、次諸卿參
加有朔日朔旦日蝕不現賀表事　匡房卿依殿下仰作之、令作之、即令献左府、〻〻給料紙、以右少史中原定
政清書、依無能書史生也　但件表端載殿下御名、與御署者、左大臣下又先給

殿下御判了

大外記師遠記

嘉承二年十一月三日甲寅、天晴、晩頭左大臣・参議源重資朝臣（已上卿相著）吉服（給之）参著仗座、先参伊勢奉幣日時（今月七日戊午、時午二點）陰陽寮光平・家栄・泰長所擇申也、以蔵人頭内蔵頭為房朝臣奏聞之後、召右中弁藤原顕隆下給之、又大殿日時（同日辰二點）弁進覧大臣之後、即下給同弁、次大内記敦光朝臣先仰宣命事、次朔旦冬至事・御即位擬侍従等事、大臣召予被仰可進文書之由、予退出、入舊宣文・歴名帳、於膝進大臣、外記兼弘持御硯・筥、置同前（入續紙）陰陽寮勘申日時（来十二月一日壬午、時申二點）日時弁定文等奏聞之後、下給左中弁藤原長忠朝臣了、今日（戊二點）先始御即位行事等、以官朝所為行事、左中弁長忠朝臣以下史等参入、次権中納言藤原宗通、同輔実、同仲実、同顕通、源基綱、参議

愿忠教ゝ源顕雅同重資朝臣藤原顕実朝臣参著同座被奏賀
表依湖且冬至日蝕不現之嘉瑞也其儀権少外記卜部兼弘令持
御表於史生中原久重 挿文杖 加礼紙 参摂政殿下御直廬令結御判〻後外記
二人 義資 兼弘 持賀表筥 更入覧筥 取礼紙 并御硯等進膝突座給左大臣御判〻
後歴参議後自網言之外昇参仗座奉置表筥御硯等於内座第一
人前 宗通卿 外記等退出次次第出卿令加判給〻宗忠宰相顕実 実〻 召外記令
撤表筥硯等外記結之加表更加礼紙入案上筥中件案厨家令作進
之案一脚 塗胡粉面 押練白絹 花足一枚 以同木作之 次同色面尓押之案 四方垂白 凡絹縁 先使ア
二人舁之弁官 立史下部 床子前令納表〻後史生二人 宗重 久重 立宣仁門前次外記二
人 義資 兼弘 舁表案入自宣仁門経小庭立東対坤角階前 南北 面 次大臣以
下起座渡小庭列立東邊 一列大臣 一列参議 北上西面 立定〻後大臣進案下揷笏
取表筥安寄欄前付内侍奏聞〻〻後大臣以下還着本座次外
記舁案出本路次大臣以下退出

首書云今日左大臣左大弁〻蔵人頭為房朝臣左中弁長忠右中弁顕隆大内記
——敦光陰陽寮大夫史已下着吉服依可奉行奉幣并御即位事
——等〻〻自余公卿已下不着吉服
件事[吉]依為諒闇内事〻省略也内〻大夫史今夜摂政殿下御気色作之〻
今日賀表中被載摂政殿下御名於御署者更書左大臣下〻御判事
又先給殿下御署〻後給左府御判
諒闇内賀表依嘉祥例也又日蝕不見之附元奏賀表〻例貞元二年
十二月也今朝予依召参摂政殿下為御使参川里第可令献賀表〻
由予入营椅参〻次以予被献左府殿〻〻〻下給予仰云以能書史
生可令清書大臣給料紙参陣右少史中原定政清書大史生〻尚依
無能書也
賀表案事
案上延花足〻〻上延表函也花足表函等案上横延也
嘉承二年十一月三日

或記云被奏賀表之間摂政殿令着心喪束帯給云々
正暦道隆為関白右大臣重信雖為関白上臈然而注臣道隆無
平座之儀 愚案所及尚可謂誤歟

敦光記

嘉承二年十一月一日壬子今日朔旦冬至也依日蝕并諒闇賀表延引
三日甲寅大外記送使部云今日着吉服可参陣者酉刻参陣頭招予
示曰朔旦表可書執政御名歟将又可依位階歟代々之例可注申者即
引見代々之例可注申 貞観二年以後上首之人皆書執政之御名其中
元慶三年賀表書昭宣御名彼時源原大臣為位階上臈正暦四年
賀表所見関白御名六條右大臣重服為本位上臈仍先申此旨於執政又
被申院哭帰来之後仰大外記云表文書摂政御名年号與以左府
可為上臈者仍賀表議定之間且令左少史中原定政清書之 件表或云

令能書人書之、或云外記史中能書人可書之者書了、外記入覧、覧了持参摂政
定政身爲官史、兼地能書、旁有其謂之
御直廬、給御判之後、懸紙、少外記佐伯義賢持来覧、覧了権少外記
卜部兼弘持硯筥、兩人相具入自宣仁門、義賢著脇座、献賀表硯等於左
府、加判給了返給之、兩外記昇奥座、次第給署判了、於脇陣入厚朴函
有花足、置案上、件案舊記木作、木傳聞唯用檜木云々、函并机案面敷白文綾絹、以白糸爲総云々、先例用錦、今度依諮問存倹約、甚記云、件案等木造書司所作之、厨家設具、
縫腋外記使部二人立案於敷政門外、次外記史生
安倍宗重、、、久重等舁之立宣仁門内、以南北爲妻欤、次外記義賢兼弘
舁之立陣座前小庭、立之、頭寄北、依上卿仰立東對西階坤角邊、左大臣以
下起座列立小庭、西面北上、大臣一列、左府、中納言一列、左衛門督源卿、
右衛門督藤原卿、左兵衛督、、、権中納言藤原卿、仲、権中納言源卿、
顕、権中納言藤原卿、宗、権中納言源卿、基、参議一列、左近中將藤原朝臣忠教、右近中將源朝臣顕、左大
弁源朝臣重資、参議源朝臣能俊、参議右大弁藤原朝臣顕隆、
舊例著靴、今日著淺履、依無宴會也、
[illegible]自第二間西柱邊、大臣出、依當座間也、大納言出自同間東柱邊、中納言出自第三

間西柱参議出自同間東廣且路多以遠乱入夜被省略欤列立〻内
侍臨檻肥後内侍 高階公子上卿進紫下搢笏跪取表函不如花足跪于階授内侍舊記
云昇三ゝ級 興勝ゝゝ經列前帰本座納言ゝ同經列前着本座各ゝゝ今日為
御即位前已上依諒闇垂旬儀云御出之例昌泰元年寛弘九年 諒闇ゝ後未出南殿也
今日着吉服人
左府　左大弁　頭修理権大夫　右中弁　大外記　大夫史　予
外記義資　兼弘　蔵人長隆
已上依奉伊勢奉幣事着吉服自余皆以巻纓

外記記

大治元年閏十月十四日乙亥去夕右大臣并式部大輔敦光朝臣於里
第亭仰可作進朔旦賀表之由云ゝ左弁雅兼内ゝ奉仰申大臣云ゝ
廿八日己丑敦光朝臣献朔旦賀表於右大臣ゝゝ以左弁雅兼献殿

下〻〻付同弁先奏院〻後返給右府殿次大臣召師遠下給之以権右中
弁顕頼朝臣可令清書者相副料紙給之
廿九日権弁先送清書賀表即以六位外記高行献殿下給御判次以史
生給大臣以下御判〻用書杖 加礼紙
十一月一日壬辰朔旦冬至也仍有旬事右大臣内大臣以下参入
廿二日癸巳是日於摂政直廬被行朔旦叙位今日維摩会日依昌泰延
喜例被行之明日依公家御衰日不被行之左大弁為隆執筆参議
行男叙位 従四位下藤原行盛 業 従五位下和気成世 氏 正五位下中原師安 助教

師遠抄
〻〻

大治元年十一月一日壬辰天晴朔旦冬至也仍有旬事午剋右大臣内大臣
大納言藤原経実卿 能実卿 権大納言同宗忠卿 源能俊卿 藤原
忠教〻〻中納言源顕雅卿 権中納言藤原実行卿 同実能卿 参議

同宗輔卿　従三位　同長実卿　同経忠卿　参議源師時朝臣　藤原為
隆朝臣　同伊通朝臣　参着仗座　先左大臣召大外記中原師遠被
問所司参否　申皆参由　退出　次又召師遠　仰云御後奏見参令候与　称唯
退出　此間縫殿使部二人舁賀表案立上官床子前壇下（南北為妻伴案書式兼日儲上立厨家）
（進之）進　次召師遠　仰云未得解由者并未赴任国司等令候座与　次外記史生二
人（佐伯成則　安了、、）舁伴案立敷政門内（去東三尺　南北為妻）次外記二人（少外記大江為行　権少外記清原俊資）舁
同案入自宣仁門　経宣陽殿壇上　降自石橋　出小庭入自新廊東第一間立
同廊西第一間（南北為妻　表案以西為上）退出之路同前　次大臣以下起座列立陣前小庭
大臣一列　納言一列　参議一列　已上西面　用浅沓　散三位不加列（已上注）立定之後右
大臣進案下取表筥　進東階授内侍　令奏　復本列之後　諸卿還着仗座
次外記二人経前路舁案退出　立本所　次史生二人舁之　立本所　使部二人
撤之納本局　、刻　天皇出御南殿　摂政左大臣候御後　諸〻起座（着靴）
列立前　内侍臨檻　召人　右大臣以下諸〻昇自東階着座　次出居蔵人所

右近権中将藤原忠宗朝臣侍従散位源顕重朝臣入自日華門昇自同
階着座此間少納言藤忠成源忠宗大外記師遠左大史小槻政重并六
位外記史等入自宣仁門着階下座于時氣和雪降朔旦冬至之日以降雪
為佳瑞之由古人為口実云々次出居次将召内竪二音内竪四人就日花門
外同音称唯内竪頭代主殿允伴成道入自日花門立櫻樹東頭次将仰云
御飯給〈唯退出〉即内竪等昇臺盤立殿上所司居物御膳進物所等
供御膳〈西階〉次内竪四人持下器渡西受粉熟盛令他器盖諸卿此間
酒番侍従四人〈内蔵助橘基政　雅楽頭同文輔　散位同清仲　左馬助〻〻〉入自日花門着宣陽殿床子座
次一献侍従二人依召昇自東階取盃并雖盖諸卿一献々々後左近府生
清原助安率近衛二人開左腋門闈司二人着門外床子即一人来入着
版奏御暦由有勅答帰出中務少輔藤原経雅少丞平親隆率陰陽
寮参上頭家栄　助宗憲　権暦博士保栄等昇御暦案　少允大
中臣兼俊　少属惟宗忠盛舁御暦案横〈今度併案横置案床　案可尋可否〉入自左腋門立

版南〈御暦案〃〃後〃〃〃 頒暦案去御暦案南一丈立之〉立定〃後陰陽寮退出輔獨留版位奏
御暦由元勅答退出次闈司二人入自左腋門舁御暦案昇自南階立
殿簀子敷退下〈暫佇階 西邊〉内侍取御暦奏〃了闈司舁自同階舁立本所
退出次少納言藤原朝臣忠成率内竪六人入自日華門令舁御暦案
并頒暦案横木〈四人舁御暦案二人 舁分暦横〉退出次闈司一人入自左腋門就版奏
着奏候由有勅答闈司退出次左近少将藤原教長右近少将忠基花
衛門佐同信輔右衛門権佐平実親左兵衛佐藤原家成右兵衛佐同公
行〈已上着 靴〉各持櫝入自左腋門列立版南〈西上 北面〉守奏如恒〈有 勅〉次闈司二人入自
同門立諸卿諸衛傳取櫝授闈司〈各持 三枚〉諸衛退次闈司舁自西階付内
侍退出三献之後右大臣降殿着仗座大外記高橋定政挿五位以上見
参於書杖覧大臣〃〃覧〃了退給外記〃〃依暦奏如先挿文杖
大臣於東階下取見参昇殿奏〃〃奏覧〃後給見参外記給見参
又挿書状大臣降殿着仗座外記奉見参取空杖退出次台少納言

源忠宗給見参少納言於庭中可唱見参（近代無此儀直退出次天皇入御諸卿退下）事畢燭以前事了公卿以下
退出

敦光記

大治元年閏十月廿六日丁亥、参刻著衣冠持参賀表於右相府御障
子上、以侍人申案内、右中弁参會、慇以奉覧賀表草（無礼紙、檀紙二枚ヽヽヽヽヽ出挿）
不書公卿位署、有十一月一日字（先例如此草不入日ヽヽヽヽ、不可有他日、仍所書一日字也）但於此表、右府被見
前披之、予讀之、右府奏之、予退座、被示云、早久、仍退出了
右府御舎弟法印永實、今月十五日逝去、昨日除服出仕給云々
十一月一日壬辰、旬儀、右大臣以下参内、獻賀表、出仕殿中將、左侍從
散位顕重朝臣、諸衛叢奏（左近少將經定、右衛門權佐顕親、右近少將忠基、左兵衛佐家ー、左衛門佐信輔、右衛門佐公行云々）
傳聞、件表右中弁兼日書之、外記持参公卿里第取其判（不論次第）或又
於陣座取判、白色紙、有礼紙一枚、表函用厚朴、以青地錦押裏

有案當日外記使部二人爲立敷政門前次外記史生二人爲立宣仁
門外次外記二人爲立南殿東檻下右大臣以下出自陣座異位重行
立軒廊以北南上西面内侍候東檻大臣取表函昇階授内侍不加臺々自余
見別日記
廿二日癸巳叙位議今日山會但依先例被行々策家明經未滿且恩
就中策家不叙之事全無例
廿五日丙辰節會有恩詔
廿七日戊午女叙位々次策家人行盛朝臣叙四品々々

中右記

大治元年十一月一日壬辰五墓大歳月德天陰雨不下依朔旦冬至有旬
仍巳刻許相具中將參内内大臣以下上達部四五人被早參予於陣座
招外記師遠問云賀表未加判若於仗座人々可被判々儀例如何師

遠答云昨日早旦權右中弁顯頼於里第依仰被清書之其後給外
記史生可申人々御判由下知之處未持來太奇恠也則史生乞表判少
外記滋重持來披見之處近代廿人上達部五六人未加判予加名二字
了大略次第不同取判也予附右大臣被參入々多進参集右府着
端座召官人令敷膝突召大外記師遠被問諸司參否申皆參之由又
召右中弁師俊被問御装束事召弁雅兼充奏云今日諸司奏何
様可候哉弁云只今主上渡御南殿干時未、、初也此間外記史生
二人舁表案立敷政門代東廊則仰史生舁入敷政門内退外記二人
大江高行 清原俊資 舁表案入從敷政門經宜陽殿壇上南門下從右橋入從南
廊東一間西行立西一間按察從本路帰入西一間中央南北行立案表函其上東西行置之 右大臣
家忠正二位 左大将 出從陣座西三間西柱東邊從小庭顯西行立當伏座二間 内大臣有仁
右大将 從具座經表識座後出從三間与右府門立右府南邊按察大納言經実
皇后宮大夫能実 下官治部卿能俊 民部卿忠教已上大納言 出同三間東柱西邊 源中

納言 頭雅 右衛門督 實行 別當 左兵衛督 實能 已上中納言也 從四間西柱邊出 左宰相中將 宗輔 右宰
相中將 師時 左大弁 爲隆 右兵衛督 伊通 出從同四間東柱邊 大臣一列 大中納言一列 依
人數多頗列曲方 參議一列（此土御門烏丸亭南殿陣宜陽殿春興殿不作 只同大内但無美福門以東中門擬之陣二間一位官
可出入也仍今日不用其間又五間作合也又人衆出入今日頗主邐猶二間程主之條或 人有難氣是一位大臣可主也只南北間可主也者此事可尋先例也是非不如故也）
大貳長實 左京大夫經忠 繼參入 依爲散三位不立此列也 右大臣揖離
列入自軒廊西二間之間 内侍出居東階上 右府喚 表紫々東頭插笏立
取表函（不取花足）經紫宸北登西階三重（先右足踏失之 可先左足也）顯跪授内侍 授笏下從
階出從軒廊本間經中納言列前 三本（主之）揖歸入仗座後本座 人々
次弁經本路復本座（立座居座之時人々如三節間被進退）人々 顯弁未聽哭作云 御暦奏々
見參許可假 自餘事不可有 又未得辭由輩可令候座 右大臣召大外
記仰々 仰旨了 天皇出御于帳中（東机上置笙劔也 御帳東西南一間立御屏風一帖）右府以下起
座 於陣後各著靴 内侍臨東檻召人 右大臣以下經宜陽殿壇上軒
廊 從南簀子敷立座前 揖居座（南庇東一二三間立几子長床子二脚 左大弁 大貳左京大夫依無座退出 然之撤長床子）

一御出居蔵人日花門代（東中門也）敷新廊二間、著東廂座、（従床子前進寄之前一揖居之）
頭、重従出居後居座、内膳官人入従月華門、付西階（踞、不経簀子）授采女、末
昇御大盤二脚、過二間之北、出居召内竪二声、内竪一人来立櫻樹東辺、
可立御也、出居仰云、御飯給へ、（頭、職者不用、人々示之）内竪立臣下臺盤之間、采女采
南廂二間立酒器大盤、南北行、其上立風爐子酒海、（四人四脚、八人一脚立之、間頗不足、人々云、可立加）
（四脚一脚之由被示、仍立加、八人々上又四人々一脚、主出居示、四人々合六脚也、各置箸匕）酒番侍従著座、（宜陽殿西廂）上官著階
下座、卿居饗、采女供御四種、（采女四人各御盤上居一盃持来、蔵人左少弁左衛門権佐定親行事、而事頗如何）居臣
下四種、出居中将帯下立、對廊角、令催、次下器渡、（内竪四人入従日華門、北板仕而渡、西出月花門外）
（門也）受索餅帰渡之間、供索餅給、臣下右府尋居之由、称物気色、（毎度此事、宗来人）
（殊不中上也、出居中上歟）御箸鳴、臣下従之、采女供鮑羹之、（不給臣下）此次撤索餅、供御飯給、
臣下進物、和御菜、御厨子御菜給臣下、御箸下、臣下従之、此間宮伯
宮大夫治部卿両大納言依有示号宣被退出、供一献給臣下、主上昭
入御、右府蔵人聊頃而又出御、下器渡々給粽、里曳、里提、若菜等、木

以上分散糯以是故実也供干物菓子等給臣下供二献給臣下近衛
開左掖門〔府生一人 近衛二人〕闈司着宜陽殿侍従座衣追入闈司一人叩門入従左掖
勅答令申与雖幼主御群臣各有感歎気闈司帰入々後中務少輔
藤経雅少丞平祐隆補行陰陽頭家栄助宗憲等四人舁御暦案
又人給暦案四人舁之立版位陰陽寮帰入其南民部以寮御暦
案二人可舁也今日四人舁如何又給暦唐櫃也今日有案如何以四人
件唐櫃可舁也歟 今日二人舁之如何陰陽頭家栄後日云人給暦唐櫃置案
上延久例也此事予不案可尋旧記也少輔奏之詞不聞也勅答帰
入々闈司二人従左掖門舁御暦案登自南階西辺立簀子敷西三
南檻下々釆女下従南階立階西辺内侍出来出従母屋西二間倚
案下取御暦函経御帳後従東辺進寄開函蓋進之撤下取御
暦二巻給〔不取給表紙只取御暦二巻給〕令進主上給主上舁之令置西机上御内侍
掩筥蓋従本路出簀子置案上帰入本闈司二人登従南階舁下案

立庭中退帰左腋門了、少納言忠能率内竪六人入自日花門令舁案
帰出了、不閉門也、又圍司出来、勅答了、帰入、今日飛雪紛々、不及庭湿
則晴、六府取札入従左腋門、列立版位南〈西上北面〉左少将教長蔵人右少将忠
基左衛門佐信輔蔵人右少弁右衛門権佐実親左兵衛佐家成右兵衛
佐公行、左佐音巌音不聞、先々其声所聞御所也、勅答了、圍司二人入
従左腋門列立、左次将上左少将取札三枚授圍司、又授圍司次又次三枚
授圍司、次将左廻退出〈圍司垂樹下可退也、今日早退出〉圍司二人登従西階入自妻戸過
母屋西一間入（自）西障子戸、経御後授内侍、々々取之出御後障子戸、取左近一
枚進寄御帳東簡寄懸札覧了、取帰入、又内侍一人取右（近）札如初帰
入了〈従御帳方出也、外御札不奏〉次供三献、給臣下、此間次侍従可着春興殿座、而今
日不着、先例少不着云々、外記進見参、取之参上、付御屏風東角、付内侍
奏覧、付近代例不被奏目録、摂政返給大臣、々々於仗座弁々間、早々
主上入御内、大臣称警蹕、諸卿退下、秉燭以前也〈先々諸卿退々後入御也〉

昨日外記史生不夜終公卿判今日參内次人々多加判治部ハ遅參々々
間不加判立列願以爲奇異々々今覚悟而不亦加判何爲哉
出居ハ於左中將可勤仕歟可依仗座歟頭中將已右次將也然而依院宣勤
仕之
今日主上御出々々間雖非職事中將宗能少將經定付内侍也是依早參也
酒番侍從中左馬助重實等餘昇殿勤役如何先例可尋歟後日大外記
云不解餘直昇殿不存知也
内藏助橘基政
雅樂助同元輔
散位同清仲
左馬助藤原重實
先日殿下被仰云朔旦賀表於仗座公卿加判我着仗座欲加判如何是
後一条院御元服賀表時宇治殿攝政内大臣列右大臣上着仗座有御

判〻由見行成大納言記也如何而申云此事古代也法近代不可候哉
中見御堂御記者雖此限行成記頗有數又他家記不可被用歟仰云
御堂御記〻不見給者思止〻〻者
以他本書入之
國史以後朔旦冬至年〻
醍醐
昌泰元年十一月一日丙申
延喜十七年十一月一日丙子
承平六年可有朔旦然而不置
天暦九年十一月一日
天延二年十一月一日乙亥
正暦四年十一月一日甲辰
寛弘九年十一月一日甲午　長和元年也
長元四年十一月一日甲戌
已上内裏

永承五年十一月一日癸丑　京極殿　有議依殿下仰置之〻〻
延久元年十一月一日癸巳　高陽院
寛治二年十一月一日癸酉　堀川院
嘉承二年十一月一日壬子
　大炊御門東洞院西才山會、依可有日蝕上旬諒闇年也三日賀
　表御即位〻次有潤且叙位也天陰不正現
大治元年十一月一日壬辰土御門烏丸才
賀表公卿之判下無不言字是近代之例也
参入不加判之人治部ニ能俊一人　参入不加判才一失礼〻
不参入加判人　顕隆　雅定　兩中納言
不参入又不加判人
　近代公卿卅人　大臣三人　大納言五人　中納言七人　参議五人
後日逢陰陽頭家榮問旬〻事答云御暦奏事四人也人結暦之業

事又四人辟事皆定久寛治例也、業二卿兼見寛治請奏案文也予答
云業二卿雖左請奏於辟出庭中附可留歟
又御暦函以紙如上文畢条如何内侍開函蓋進上之處攝政殿令取
給聞依有畢紙頗有煩也内侍又取弃紙裎誠有煩件紙不可有
事歟ゝ家業答云甚可然假紙事自本无所見共斯折生紙歟後ゝ
不可有此紙也又人暦ハ何巻哉ゝ家業答云昔百六七十巻也近代従
当書寮不渡紙仍旬日ハ官外記殿上暦許所入也
人給横中所入暦百六十巻也仍甚四人可辟事也不可有二人
儀也

大外記師豊記

明徳三年十一月一日天晴及晩有陰雲入夜亥刻时々小雨降今日朔旦冬至也仍被行旬儀〔皇居土御门殿西礼〕未刻師豊参陣于时禁中冷然奉行職事頭左大弁資藤朝臣申刻参内戌刻許関白殿御参内小时右大臣公具通参内直昇殿此间権大納言資教卿着陣〔任権大納言後也〕亥斜被始行旬儀上卿右大臣参着仗座〔直端〕次権大納言藤原公定卿同嗣房卿同資教卿権中納言同宗顕卿参議同隆仲卿等各於宜仁门代外被加賀表之署〔加礼紙 笏益〕外記史生二人各束帯従之〔一人持賀表 一人持御硯〕公卿各作立被加署面々加了如元巻々加礼紙賜史生参着仗座此间左中弁資国朝臣少納言菅原長方未加着床子座〔西為自末 経後〕次大臣召官人令敷軾次令官人召外記大外記師豊起床子揖参進軾〔跪〕仰云諸司ハ候哉申云候フ又仰云賀表署勅使候ヤ〔申云〕只今申時分候又仰云御暦奏出居次将侍従候ヤ申云各候フ大臣目師豊称唯退去

此間權大納言藤原仲光卿權中納言同季顯卿同親ゝ卿左衛門督同
俊任卿參議同資俊卿同實豐 具ゝ儀 卿右中將等各於宣仁門代外
被加署於賀表史生二人役之 如先具ゝ儀 件等卿不著仗座儲便宜之所公
卿署勘ゝ後加一見如元加礼紙召寄函納之賜史生令置案上 置之 次上
卿令官人召職事 頭左大弁資藤朝臣 被奏御曆叢奏作之由 此次可
為兩儀頒ゝ之由先奏了職事歸參軾仰聞食之次上卿召外記可令仰御
曆叢奏可頒ゝ之由而今度不具儀次上卿令官人召外記[redacted]仍師豐
起床子揖進參軾上卿令仰云可為兩儀御曆奏付内侍所ヨ稱唯
經柱内退去依兩儀也次使部二人舁立賀表案於床子座前軒下
次史生人舁之經床子座前軒下舁立仗座西壁副南北行退次權
大外記中原重貞權少外記同師野等各依兩儀經床子座前軒下
并中門南腋壁外軒下北行入中門經軒下北行經宜陽殿軒下東
行入軒廊內立案兩外記跪搢笏退案軒廊内南北行立之而依

殿下佇立直廊軒下柱南了、但文和應安之度不然而上臺上者不能左
右、次大臣并諸卿起仗座、經同軒下并中門南腋壁外軒下、不入中門列立
宜陽殿軒下東面、依雨儀也、不着仗座、公卿等直加列、大臣一列、大中納言一列、参議一列
次内侍候西欄、次大臣揖離列、就案下西跪、指笏今度懐中、立取表函不加花足、經
案北、聊昇西階、乍立被授函於内侍、次大臣降立階下、拔笏不揖左廻、被
復本列、内侍取表函帰入、御覧了、以藏人令置御殿置物御厨子歟、次
大臣以下諸卿揖、經本路大臣經内言前、納言經参議前、帰着仗座、但諸卿不及着陣、
侍立中門下邊、大臣一人被帰着仗座、次外記二人進寄、舁案經本路
退立初所、次史生二人舁之立初所、次使部二人如元舁退之了、件案
花足未出、外記為先例也、次職事頭左大弁資藤朝臣着、載未得由并
未赴任之輩可候座之由仰之、次大臣令官人召外記師豊、起床子揖
參進、載大臣仰云、未得解由并未赴任輩令候座与祿、唯退去、次天皇
出御、内侍持劔璽、候前後、関白殿下候御裾給、次内侍被置劔璽

於置物机歟、次主上著御帳中御倚子、次内侍候西檻、召人、次出居左中将藤原範満、[illegible]朝臣著靴、入自日花門代、（中門也）経宜陽殿壇上、経新廊昇西階、著西廂南座、（今度不押笏紙）次大臣起仗座、著靴、諸卿同著靴、入日花門代、経新廊昇西階、経西南簀子入当間、著兀子、一列東上北面、参議喚後、以實豊、以欲堂上々、爰絶席々間自西階下、各退去自壇内々昇殿、徘徊殿上邊歟、次出居侍従左中弁資國朝臣昇西階経次将後著西廂北座、次四位大史兼治宿祢、大夫史光夏、大外記師豊師胤、頼季、権少外記師野等著階下座、（自此時分西脚、依々間著之）弁少納言可著歟、々由相尋々々、爰不可著之々、頗失礼儀歟、仍友房許著之、権大外記重貞、右大史秀職等同不著之、奇怪也、小时自下臈起座退、此間出居侍従起座退去歟、次供御臺盤、内膳司舁御臺盤二脚、造酒司大盤一脚、到東階下、采女等出階上、傳[illegible]舁入、自東一間供之、第一御臺盤、火爐前立之、（東西妻）第二御臺盤立御帳外巽角、（南北妻）陪膳采女留著草墪、此

間出居次將滿ー朝臣召内豎二音内豎頭川康重并末内豎於日花
門外同音稱唯ゝ後頭康重進立橘木下出居將仰云御飯給へ内豎
稱唯退去此間采女二人舁造酒司御臺盤立南廂東第二間（南北妻）酒司
官人自東階授之次采女一人取銅風瓶置臺盤南（南向）又一人置酒海於
臺北而今度風瓶并酒海不立之云々何次采女二人舁立内膳下器机（可給公卿）
（出居 末物）置東第一間（南北妻）内膳自東階授之次出居次將下殿召内豎仰可立
臣下臺盤之由内豎二人舁臺盤昇西階立之次酒番侍從前脩理大
夫源仲名朝臣中務權少輔高階敏經左馬權頭源仲雅以上三人（本儀四人也依無領状之仁今度爲三人）入日花門代宜陽殿東廂内第二間（自南）床子（北上東面）次進物所
供四種次内豎給臣下四種（出居下殿催之）次索餅下器渡東（出居下殿催之）其儀内豎
二人（本儀四人也）各持下器入日花代渡馳道經版位南至進物所請索餅（入朱垸）
經本路還渡本所供索餅次賜臣下内豎持参盛分公卿出居末居〻
出居次將正笏伺大臣氣色大臣又伺天氣次御箸鳴臣下應之次供鮑

義々不賜臣下次供御飯次給臣下次供進物所御菜汁物次供御厨子所御
菜汁物次給臣下菜汁物次御箸鳴臣下應之先立箸次出居下殿次
仰一献事則供之次臣下一献酒番侍従仲名朝臣敘經昇自西階着座
臣下弁出居其儀上首仲名朝臣取盃下﨟敘經取瓶經忩々後自後
供之件事入自西庇經公卿前可供之由後日有沙汰且先規自前供之云々
次下物下器渡東内豎二人本儀四人而今度二人不足各持盤一枚就階下經南庭受
下物采女取盤就下器机下開蓋盛下物盤上敷白紙一枚盛之但今度不敷之給内豎々
々持之下殿更昇西階捧持公卿大盤前諸卿出居下每物次第分取之
次供菓子干物次賜臣下出居下次供二献御出居下殿次臣下二献酒番侍
従敘經仲雅朝臣昇西階如先進寄公卿後着也次出居次将下殿作闈
門事近衛将曹代秦重宗陣官人率近衛二人開左腋門代也其由闈
司一人入自左腋門代着版位闈司先着左腋門外床子今度不然不儲座奏御暦奏候之由
勅答令申日闈司唯退次中務権少輔高階敘經兼代宗岡行親朩

就版位 陰陽寮修理権大夫賀茂在弘朝臣 陰陽頭同定継朝臣 権暦博士
暦博士同在方朝臣 陰陽助 陰陽権助同定弘朝臣等昇御暦案立版南
一同列拝退去 列拝事旧記不詳可否如何 陰陽允為昇鎮暦辛櫃立御暦案南去二許丈
南退出輔独留奏 其詞不載 奉勅答、次輔退、次闈司二人入左腋門代参入昇
御暦案昇南階立東第二間簀子 東西行 降自同階立階東腋、次内侍出
自御帳東御屏風南妻南進、降簀子就案北乍立取筥、就御帳東
開筥蓋候
天皇執御暦覧之、物机給内侍、覆函蓋置案、帰入、闈司還昇自南
階昇立本所退去、次少納言菅原長方 著靴 率内竪二人 本儀六人也、而今度依無人二人也、兼日有沙汰
入自日花門代立鎮暦辛櫃南頭、内竪二人昇御暦案 本儀四人昇之
出、次内竪二人又帰参 依召人 重又 昇鎮暦辛櫃 納暦七巻 三巻外記為三巻 官為一巻 記録不知分也 出、次
少納言長方出 辛櫃与少納言連歩 次闈司一人入左腋門代就版奏覧奏候
之由、勅令申与 闈司称唯退、次六府将佐左近少将藤原隆躬 右近

少将源定清〈件定清今年四月廿日傳左少将而可爲右近之〉左衛門権佐藤原経豊〈権右少弁〉右衛門佐
平仲信 左兵衛佐藤原定顕 右兵衛権佐同重房 各叙 各指笏持
簡入左腋門代参列南庭〈府次第列之〉就版〈第一人當版立 東上北面〉立定之後各立簡奏
〈右府不奏 不立札〉勅置、少将佐同音称唯〈但其由也不聞〉次闈司二人入左掖門代経将佐々
後立左将上〈東上北面〉次左兵衛佐藤原定顕授札於左衛門権佐同経豊
〻〻傳左少将隆躬〻〻取重簡三枚渡一闈司次右近将傳之如左将
取重簡授二闈司〻〻二人各取簡昇東階経簀子進西北行於東屏風
南邊付内侍〻〻二人取之先上簡内侍持左近簡経御帳西邊懸簡
台西置筥机覧了即還出返給簡於闈司〻〻次下簡内侍取右近簡
進覧如初次闈司自御後退出次六府授笏一揖退出〈隆躬自前退 定清自後退〉
次近衛開門〈但近代無此儀 今度同前也〉次供三献次大臣依病未参議召諸大夫参議
同出居〻〻下徹催之次諸大夫着座〈未得謂由 筆欤〉但近代召諸大夫之儀無之
今度同前仍不及催諸大夫也又不儲座欤次臣下三献〈出居下徹 催之〉酒盞

侍従敍經仲雅役之如一二献次置御箸臣下從之次大臣下燉着陣
作者執被懸片庇召外記重貞軾自元在之歟被仰見參事重貞持參大臣披見之
之後返賜重貞々々賜之退立小庭次大臣起仗座經本路外記奉柄從之
於西階下取杖昇燉經西庇出居前并母屋到御座風西頭付内侍奏
聞其儀同節會大臣披覧之結删返給取加杖下被外記々々給之大
臣被歸着仗座外記柄從之外記進見參於大臣々々披取被屈前外記
持宜杖退出次大臣召少納言長方於軾下賜見參長方賜之退去
於宜仁門代邉招權少外記師胤渡之師胤取副笏揖[redacted]退今度在
用永仁之例仍無祿法凡近代祿法事同先之歟次大臣不昇燉退出次少納言就
版唱見參但近代無此儀歟今度同前次天皇入御公卿起[redacted]兀子出居称警蹕大
將不參也
次諸卿退出于時丑斜也

明徳玖

朔旦冬至旬次第

御装束儀

御帳四面懸帷東南西三方巻上之其内敷両面茵二枚其上立黒
漆平文御倚子一脚左右立置物机各一脚其前置火炉御帳東面
立大宋御屛風各一枚御帳南去東置草墪一枚為陪膳采女座
御帳後東邊立五尺屛風二帖其内立赤漆小倚子一脚為御粧物
御帳後敷緑端畳一枚為内侍座
御帳東敷両面畳一帖為[redacted]関白座
自南廂階西間至同第三間西柱下一行立兀子貫子敷床子為出
御座西廂北間立白木床子二脚為出居侍従座 東面
宜陽殿土間第三間西壁下立白木床子二脚為酒侍従座左腋門
外南腋立床子二脚為園司座 北面
延政門代内北腋立床子一脚為園司座 南面

左腋門内南腋立酒司酒具階下西一行敷座為上官座
諸卿参着仗座 蒔絵劔 無文帯
上卿召官人令置軾
次召大外記問諸司具否諸司ハ候ヤ 外記申候之由
又問云御暦奏番奏出居次将侍従ハ候ヤ 外記申候之由退下
次上卿指職事奏御暦奏番奏候之由
職事帰来仰聞食之由
次召外記仰御暦奏番奏可候之由
此間外記使部二人舁賀表案立床子座前 南北妻
次外記史生二人舁之立宣仁門代内 南北妻
次六位外記二人舁之入自日花門舁立案於軒廊北一間 案南北妻表筥東西妻
次上卿以下起陣座入自日花門列立軒廊南庭 北上東面
大臣一列納言一列参木一列

次内侍臨西檻
次上卿揖離列進出就案西邊指笏取莒昇西階授莒於内侍退
降復本列
内侍取莒進御所賀表御覧畢有礼帋无裏帋給五位職事令置御置
物御厨子
此間上卿以下還着仗座
次外記二人撤空案立初所
次職事來軾示侍解由未赴任輩仰可令復座之由
次大臣召大外記仰之　其詞召職事
外記称唯退下
次天皇出御
内侍取劔璽候前後近衛次将相副扶持之関白候御裾
其儀如例先内侍置劔璽於西置物机

次主上着御帳中倚子
次内侍除西檻召人
次諸卿起座於宣仁門外着靴
次出居次將押笏紙着靴入自日花門經宜陽殿壇上并軒廊昇西
階〻着西廂南床子
次諸卿昇殿着兀子　其儀如例
次出居侍従昇西階〻着西廂北床子
次上官着階下座
此間出居侍従不煖座退出
次供御臺盤
内膳司舁御臺盤二脚造酒司大盤一脚入日華門到東階下采
女出階上傳舁入自東一間撤帊供之
才一御臺盤火爐前立之東西妻

次二御臺盤立御帳外巽角南北妻陪膳采女留着草墪
此間出居召内竪二音
内竪於日花門外称唯後又進立桜樹下
出居仰云御飯給へ
内竪称唯退下
此間采女二人舁造酒司御臺盤立南廂東第二間南北妻酒司官人
自東階授之
次采女一人取銅鳳瓶置臺盤南鳥向南
又一人置酒海於臺北
又二人舁立内膳下器机可給公卿出居等物置東第一間南北妻
内膳自東階授之
次内竪立臣下臺盤
四尺四脚立上卿前　八尺一脚立参議前　四尺二脚立出居前

次酒番侍従（地下五位）入日華門着宜陽殿床子（北上東面）
次供四種　進物所供之
采女四人役送陪膳采女驚〻居（取之乚）一御臺役送采女取空盤退下
次内竪給臣下
出居下殿催之
次索餅下器渡東
内竪四人各持下器入日華門渡馳道至進物所請索餅経本
路帰渡
次供索餅賜臣下并出居
居〻出居次将氣色参末〻〻示上卿令依天氣
次御箸鳴　臣下應之
次供鮑羹〻　不給臣下
次供御飯　賜公卿并出居

次供進物所御菜
次供御厨子所御菜汁物
次供臣下菜汁
次[redacted]申上御箸下
次供一献
　賜臣下并出居　　酒番侍従二人役之
次下器渡東
　内竪四人各持盤一枚入日花門就東階下受下物釆女取盤
　就下器机下開蓋盛下物（盤上敷当紙一枚盛之）給内竪〻〻持〻下撤更
　昇西階捧持公卿大盤前
　　諸卿出居次第分取之
此間供御菓子并乾物
　賜臣下并出居

次供二献
賜臣下出居如一献
次闈司奏
左近将曹率近衛二人開左腋門代
次闈司入自左腋門代著版位奏御暦候之由
勅答予闈司称唯還出
次御暦奏
中務輔一人率陰陽寮六人舁御暦案并頒暦辛櫃入左腋
門代去版南一許丈立御暦案（頭已下四人舁之）
又丞二人舁頒暦辛櫃去案南一許丈立之
中務輔留就版奏之奄　勅答
次闈司二人入左腋門代舁御暦案昇南階立東才二間簀子
次内侍出御帳東屏風南妻南進降簀子就案北取筥

就御帳東南営蓋傍
天皇取暦置東置物机上給内侍持空筥以本帰置案上帰入
闈司還昇舁案立本所還入
次少納言率内豎六人入日花門立頒暦案横南北内豎四人舁
御暦案又二人舁頒暦案横退出
少納言相従出日華門
次菱奏
先闈司入左掖門代就版奏々　勅答、於闈司称唯退出
次六府将佐各帯剣取箇入左腋門代列立版位南庭東上北面
次左右近先奏々
次勅答
六府同音称唯
次闈司二人入左腋門代列立左近上

次各疊札
次圖司二人取筥昇東階經簀子進西北折於東御屛風南邊付
内侍〻〻二人取之先持左近筥内侍經御帳後進御帳西邊
跪筥首於西置物机覧了即還出返給筥於圖司次持
右近筥内侍進覧如初
次供三獻
次大臣奏見參
大臣下殿著陣召外記見參可持參之由仰〻
六位外記捧見參目録於杖本大臣〻〻披取見〻〻返給外記
〻〻退立小庭大臣經本路相從外記於西階下取杖昇殿
付内侍奏〻
其儀同節會
次大臣還陣座外記進見參大臣取文置前

外記取空杖退下
次召少納言給見参
次召弁賜目録
次大臣還着堂上座
次天皇入御
出居次将称警蹕
次
諸卿退下
両日御暦奏番奏上卿奏事由仰外記付内侍所

朔旦冬至年々　延暦以来以十九年為一章

延暦廿二　弘仁十三　承和八
貞観二　元慶三　昌泰元
延喜十七　承平四　六年十一章而今年設之暦家之失也々　天暦九
天延二　正暦四　長和元
長元四　永承五　今年閏可在十月而置十一月暦家之失也 遂以光改之被行賀瑞之礼々　延久元
寛治二　嘉承二　大治元
久安元　長寛二　寿永二
建仁二　承久三　仁治元
正元々々　弘安元　永仁五
正和五　建武二　文和三
応安六　明徳三　応永十八
永享二　今年雖十一章無朔旦冬至置閏於十一月　宝徳元　応仁二

長享元 今年雖十一章 無冬至置閏於十一月　　永正三 今年又同上

右考件年々暦記之所載毎度有朔旦之冬至一章十九年無相違矣 加初朔旦年 為廿年也 又置閏於十月定例也而永享二年長享元年今年 永正三 雖十一年不設朔旦冬至置閏於十一月術数違先規々々条最以不審也爰兼平不十一年永兼置閏於十一月為暦家失之由先賢称々以之思之若有推歩之違歟永享度不被尋問々々条可謂朝議之無沙汰此外雖有中間之朔旦於一章之朔旦者全以無相違者乎

中間朔旦年々 自初朔旦年相当十二年有此事也

保元々 有改暦宣下 無嘉瑞之礼　　延慶元 同上　　應永廿九 無改暦宣下 只行旬儀也

文明十一 有改暦宣下

迁都改後朔旦年々

延暦二甲子
同廿二己未
弘仁十三壬
承和八辛酉
貞観二

元慶三己亥
昌泰元戊
延喜十七丁巳
承平六（當一章無朔旦）
天暦九乙卯

天延二甲戌
正暦四癸巳
長和元壬子（平座）
長元四辛未
永承五庚寅

延久元己酉
寛治二戊辰
嘉承二丁亥（[illegible]閏十平座）
大治元丙午
久安元乙丑

長寛二甲申
寿永二癸卯（平座）
建仁二壬戌
承久三辛巳（平座）
仁治元庚子

正元々己未
建治四戊寅
永仁五丁
正和五丙辰
建武二乙亥

文和三甲午（平座）
應安六癸丑（平座）
明徳三壬未

寛永

朔旦冬至平座次第

剋限諸卿参集加賀表署

具儀諸卿列立陣後宣仁門北腋東上南面不揖外記史生一人持硯一人持

表筥進上卿前上卿乍立懐中笏取表巻取懸紙返入筥

巻返表見定我位所取筆史生添筆進之持表於左手取筆於右

手加署名〻両字也不及巻直返入筥取笏入宣仁門着座与次〻人同

前或立上〻首之跡加署或於本立所此説為是〻家永公以巻返加懸紙如本入筥或無其儀

次諸卿著仗座

次上卿移端座令官人敷軾

次上卿令官人召大外記〻〻参軾上卿仰云諸司ハ候ヤ申云候フ

又仰云賀表署勘候ヤ申云勘候

次史生舁表案置小庭史生二人舁之以下觽母先入宣仁門代立軒廊与陣座作合東西行副軒廊南軒方立之或儀立床子座前

次六位外記両人入宣仁門各跪案下指笏舁案入軒廊到東第一

間立之 南北行立之賀表筥横置之文首西 挿笏揖退入
次上卿以下起仗座列立軒廊南砌 東面北上大臣一列大中納言一列参議一列
次内侍臨西檻
次上卿就案下取表授内侍復本列
其儀揖離列左廻入軒廊東第二間跪案東頭指笏起取表筥 或作跪取筥共有例不取先足以両手持之 經案北昇西階 三級右足為先不歴階 顧及作立授筥於内侍作向東下階挿笏 不揖 左廻經本路復列 右揖
次上卿已下帰著陣座
次外記撤案主水所史生又撤之
次職事進軾仰々詞 仰云不出給依例行へ
此次未得解由者可依座々由仰之 或上卿進奏之 則召大外記仰之
次上卿以官人召装束司弁 仰云宣陽殿装束弁退仰史
次弁帰来申宣陽殿御装束具々由

次上卿已下起仗座着宜陽殿座上卿着第一間端（諸司置軾若不敷者上卿令置軾）
着西座之人或不昇板敷上渡弁座上着之（当左壁下）
次弁少納言入月華門着座（弁東少納言西）
次一献
弁少納言遞着軾勧之（或自下﨟勧之近例也自上﨟勧之正説也五位継酌）
其儀弁（或少納言）於便所指笏取盃（有居者居）進（内竪取瓶子相従）着軾揖気色上卿々々
目許々後受酒飲之更受酒上卿気色次人々々後取盃飲之（座上或座下）
受酒授次人（第一人授第二人々々附盃自臺盤下取傳之）
次二献　其儀同前
次居飯汁（索餅）（近代兼居之参木中上）
次上卿已下々箸
次三献　同前
三献以前於参議座傳之不傳弁少納言座

次上卿取笏或不取仰宣来参議令召侍従参議取笏仰宣来少納言〻
〻〻称唯出月華門召之
次侍従参入近代雖召不参入
次居飯汁
参木仮気色上〻已下〻箸

次上卿仰宣来参木令仰録事
其儀上〻可有録事由示参議〻〻挿箸取笏申云某官朝臣〻〻〻〻
四位召官朝臣某名朝臣〻〻〻〻五位召名朝臣録事令奉仕ム上〻揖之職挿箸参取笏
木微唯仰云某官朝臣〻〻〻〻某名朝臣〻〻〻〻録事奉仕レ
不召王作座作之各作座称唯
次四献 初献之人重勧盃
其儀参議降座将盃於弁少納言座各飲巡四盃

次外記進小庭申御暦奏候之由 遅〻付上〻催之

上卿目之　此次仰可進見參之由
次外記挿見參祿法於文杖（見參一通 祿法一通）入同門候小庭
次上〻目外記〻〻奉文披見給外記令挿之
次上〻起座就弓場　奏聞　此次奏御暦奏候之由
御覧〻返給　此次職事仰云御暦奏内侍所ニ
上卿經本路復座　外記進之　上卿取之置前
此次仰云御暦奏内侍所ニ　外記取空杖退（經小庭出宣仁門）
次上卿仰參木召少納言〻〻〻參進軾
上卿取筥乍向與以左手給見參　少納言取之不結申自柱外壇上
到月華門
次召弁給目錄　其儀同見參
次少納言（弁出宣仁門〻後）取副見參於筥登立南庭（版乾三許丈北山云當南殿東一間云〻）插笏
於右腋披文押合當冠額間披之更〻下當面讀之續〻押合

押左腋
次〻如此但第二人（第一摂政 第二上卿之）不指上冠程直當面讀之
次王卿列立櫻樹南
其儀唱我之時（先摂政名 次唱上卿）微唯起座（両揖 如恒）自壇上北行自軒廊内東行
出自東二間立少納言乾二許丈
次参木已上次第應召立（参木以上一列 非参木 一列 西上北面）
次少納言召自名後称唯加列
其儀召非参議名兩三人之後召自名雖合文称唯取笏左廻列之
西立後列（経列上之）
此間弁少納言起座出自月華門前列立公卿後
次王卿已下拝舞了各退下

慶安三年壬十月廿一日

抑自関白殿談合之条如此、

唯今来除之祝着々々、抱朔旦冬至表加署関白判并名

二字朝臣内先規色々被入之条、雖定之、若於御不見書付て

給候て可為祝着候也

壬十月廿一日　道（康道公）

権中納言殿

二条殿ハ御上也

御名字二字書様之式

文和
関白従一位臣藤原朝臣良基

応永
関白――――満教

一延久
関白――――教通

只今皆不見之分書載之

中右記
昨日外記史生不——公卿判今日参内次人々多加判給了
而遅参之間不加判 已下略之
以之思之旧記判トいふ事まゝ有平治記等判之由相
見え此等之執一概にいはれとや 修ゝや
實教

廿三日
先々も早く御所へ参て祗候せしのところに相殿且今至直
陽殿の御ましゝて新廊に入て南庭に進て候ゝ先々の御中見え
何の召も入何の召しも出ゝすゝ又納言参議同じく出て退
出し時新廊に入て退出しゝ拝舞して直宜仁門よりまかり
殺ゝ此事ゝ此六ヶ敷事なく一段うれしく満足なり候
候ゝゝ

壬十月廿三日

康道公
道

文匣ニ入、封而封之別而封返献

權中納言殿

二条殿へ　御報

先日次第

次王卿列立櫻樹南

其儀唱我之時先揖改名 次唱上了 徹唯起座 両揖如恒 自壇上北行自軒廊内

東行出自東二間立中納言乾二許丈

次三木已上次第應召立

此事ハ

唱見参事近代無之由已明德比大外記師豊記不見也仍其

已後者次第も渡我々多不及之然見参揖法不終之後上了

已下次第起座退出ス然見之了而近代記雖有不見了

退出之時之事

只自宣仁門退出之由不見之入軒廊ニ居之事不分明之

奥書

右朔旦冬至部類自永萬至明徳以武家
古巻上書写自餘亦借件巻而一結 猶残之
家之秘事

寛政九年四月廿一日

正二位[illegible]

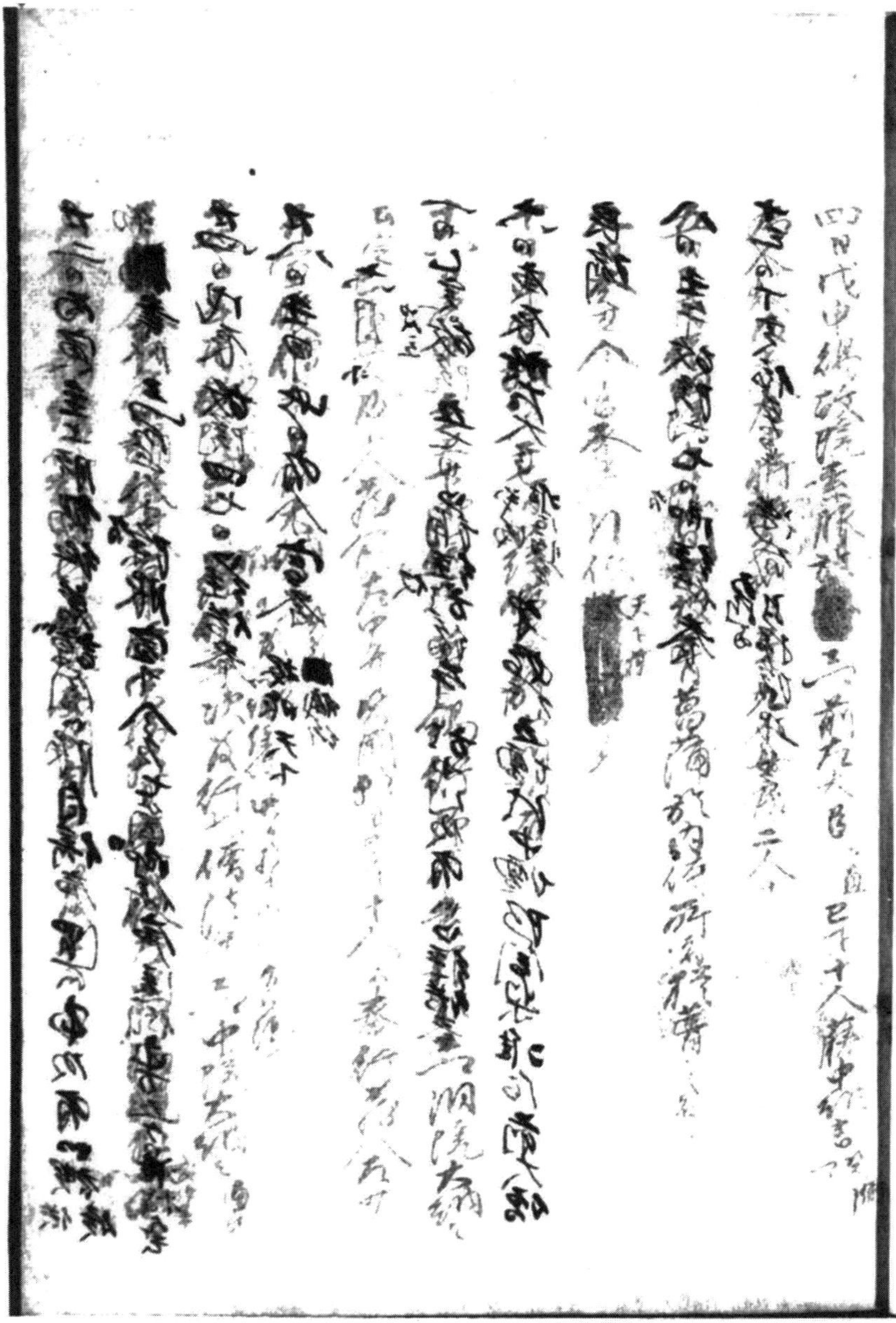

翻刻

凡例

一、本書は、宮内庁書陵部架蔵にかかる柳原本朔旦冬至部類一冊（架蔵番号・柳三六四）の翻刻に、その人名索引を末尾に付したものである。

一、本書は、永承五年・延久元年・寛治二年・嘉承二年・大治元年・明徳三年の朔旦冬至について、外記日記・二東記・広宗記・大右記・経信卿記等の各日記から部類したものである。

一、本書は、群書類従公事部所収の朔旦冬至部類記とは内容を異にする別本で、管見によれば同系の写本の存在は知られておらず、収載条文のその殆どは逸文である。

一、本書の収載条文のうち、寛治二年・嘉承二年の条文は、大日本史料（第三編之一・九に相当する）既刊の所載係年だが、収載されてはいない未収条文である。但、寛治二年経信卿記条文は、大日本史料・増補史料大成『師記』に収載されている。異同は〔　〕で示した。

一、人名の傍注は、適宜付した。

一、内容を略示するため、適宜頭注を付した。

一、古体・異体・略体文字は原則として常用文字に改めた。

一、新たに読点（、）を施し、適宜改行した。

一、底本にある符号で、原のまま存したものは、次の通りである。

　○（字間）　補書又は上下方の文字の入るべき個所を示す。

　〃（文字の左傍）　抹消符

　、（字間）　欠損部分

　■　塗抹部分

一、右の外、本書の校訂のため、編者の加えた符号は、次の通りである。

　〔　〕　校訂に関する注の中、本文に置き換えるべき文字。

　（　）　人名傍注

　〔マヽ〕　文字に疑問はないが、意味の通じ難いもの。

　「□□□」　欠損文字部分

賀表ヲ作進ス

右大臣以下参着ス

天皇出御ス

外記

永承五年十一月一日、癸巳、今日朔旦冬至也、於京極院有旬事、其儀先兼■、、右中弁藤原資仲朝臣仰造曹司別当左、、宅、、、、進賀表函并案、（筥以朴木作之、以紺地小文錦為折立、置花足盤上以作之、案以桧作之、淡浜椿色、以同錦敷面四方臥、但四角垂組緒□〔打カ〕金物、）又関白（藤原頼通）左大臣召大外記中原朝臣貞親仰云、宜仰式部権大輔藤原国成朝臣作進賀表者、随則遣仰其由、其後以草案進上、貞親朝臣奉覧之、下給、貞親朝臣参局召遣内匠頭源朝臣兼行、於侍従所辺令清書之、（白色紙、）其後令持史生給、諸卿御判、当日未剋右大臣（藤原教通）以下参着右仗座、此間着縫腋、使部二人舁表案、立上官床子前、立蔀北、（准温明殿也、）右大臣召大外記中原朝臣貞親仰云、御暦奏可付内侍所、又未得解由者、可令候座者、奉仰□□仰畢、次史生二人舁案、立宣仁門□□、少外記惟宗孝言、権少外記中原師平二人舁同案、入自宣仁門渡小庭前、立南殿西軒廊第一間、（南北為妻、）退出之路同前、諸卿〔マヽ〕、次諸卿起仗座、列立軒廊南辺、（大臣一列、納言一列、参議一列、各東面北上、両儀之時列立軒廊内歟、）立定之後、右大臣進案下執表函、付内侍令奏、復本列之後、諸卿還着仗座、次外記趁進自前路舁案退出、次天皇（後冷泉）御出南殿、其後諸卿起陣座、着靴列立前所、内侍臨檻喚人、次侍従左馬頭源経信朝臣率出居右近権中将源隆俊朝臣、昇西階着座、次諸卿昇自同階着座、次々侍従等入自西中門着座、次[redacted]出居[redacted]中将喚内竪二声、内竪於中門外同着称唯、即内竪別当主計允紀致業趍立庭中、々将宣云、給御飯、称唯退出、即内竪等昇大盤立殿上、又所司次侍従前立大盤羞饌、次内竪四人持下器■東度、至膳所受粉熟、還出分盛他器羞諸卿、又内竪四人持下器度東、受盛物羞諸卿、此間出居侍従経信朝臣退出、次酒番侍従二人、（侍従所監源朝臣清政、図書頭藤原朝臣康輔、）持盃酌昇自東階羞諸卿、三献之後、須有召諸大夫、着宜陽殿座、（未得解由者在此中、）而今度無其召、仍不着座、次近衛将曹率近衛二人開中門、（開左掖門、尋常内裏、）即闈司一人入自開門就版位、奏諸衛番奏候由、（有勅答、）〔闈、以下同〕闈司称唯退出、次諸衛、（左近少将藤資宗、右近少将同長房、左衛門尉藤行房、右衛門権佐源朝臣長季、左兵衛佐藤原朝臣敦家、右兵衛佐同師基、）各持牘入自同門、列立版位南、（西上北面者、南一許丈立之、）互奏如例、（有勅答、）諸衛各伝取授闈司、々々取之、昇自南階付内侍退出、次右大臣着陣座、插五位以上見参於文刺奏覧、大臣覧畢返給、外記取乍候膝突如元、插文刺磬折立小庭、次右大臣起座進軒廊下、余々祗候、大臣取見参昇殿奏之、（此間外記徘徊便所、）奉覧之後返給、大臣給之、降自西階立軒廊下、外記進見参給空文刺退出、次大臣還着仗座、召少納言藤原朝臣成経給見参、成経朝臣給之退出、其後大臣起座昇座、須少納言給先就位召唱、而雨脚俄降不有此儀、亥剋天皇還御、右大臣以下各退出、

右大臣陣座ニ着ス

大外記（貞親歟、可勘）

大外記貞親

永承五年十一月朔日、（癸巳、）天晴、朔旦冬至也、有旬、為内大臣〔藤原頼宗〕殿御共参内、関白〔藤原頼通〕殿、

孝言賀表案ヲ昇ク

先例ニ違フ

諸卿昇殿

右府(藤原教通)暫御于殿上、其後諸卿着右近陣座、春宮大夫(藤原能信)、前帥(藤原経通)、左兵衛督(藤原経任)以下諸卿皆参、外記使部二人舁賀表案立西中門外、即同史生二人舁之、立陣座西壁西、是敷政門代内、次又外記孝(小槻)言、師平(中原)舁件案、経参議座後、自寝殿与西対南渡殿東間立之、是軒廊代、従本道退出、次右大臣以下起陣座、列立西対辰巳方、着浅履陣前小庭代也、大臣列其後、大中納言一列、参議一列、内侍従御帳後歩出之程、右大臣揖離列進跪案西辺、指笏更立取入表函、不取花足、経案北辺進昇階膝前二階許跪、函授内侍、即内侍取之、還入之間、大臣降自階抜笏如初、経案北加本列畢、如先達記者、内侍居階上、其後貫首人離列取表函、授内侍者、然而今日如此、仍頗違先例、但又別説歟、右大臣復本列畢後、右大臣揖左廻経内大臣御後、納言前南行着陣座、次内大臣殿右廻南行着陣座、次又民部卿(藤原長家)経参議前南行着座、次第如此、諸卿着陣座畢後、右大臣以下起座着靴、須徹(撤)表案并内侍出之後、起座着靴也、而今日又違例、但有口伝歟、諸卿群立之間、外記等撤表案、其後内侍臨西檻、諸卿一々昇殿、次出居次将隆俊(源)朝臣昇着座、次第作法如常旬、但無官奏、御鎰庭立并音楽畢入御、内大臣殿令称警蹕給、是右大臣為下見参被退下間、事畢退出、

十三日、今日当遠忌、仍斎食、以公範法師供養法華経、

今夜五節参入、又有叙位儀云々、

大外記　二東記　広宗記　大右記

十五日、童御覧也、依仰着直衣参内、向按察大納言（藤原信家）五節所辺、源大納言（師房）二男少将顕房、去十三日叙四位、未還昇前着直衣任意昇殿、頗非常之説也、参賀陽院宮（祐子内親王）御方被儲小饌、十六日、戊辰、節会、未時許参賀陽院、為殿下（頼通）御共参内、諸卿在右仗座、右大臣奏詔書草并清書之後、召右衛門権佐長季（源）仰可免斬罪者之由、次令頭経家（藤原）奏外任奏、返給之後、外記孝言申代官、大略如七日節会儀、叙人等賜位記之―、又豊明節会次第如例也、

大略ハ七日節会ノ儀ノ如シ

二東記カ

不知主記　二東記　右大臣（藤原教通）大二条、今日々上也、

永承五年十一月、朔旦冬至也、未時参内、関白同被参、対面之次、中今日可列立■所之案内、被答云、西対東庭渡南如何者、其後着陣、頭経家（藤原）朝臣来云、御暦付内侍所、人給任符未向国未給任符、為済擁政、入京者并未得解由人等皆令入、今日見参者、召大外記貞親（中原）仰之、次史生二人舁賀表案立陣座西壁後、次外記二人舁件案経陣前、進自北立蔀戸立軒廊艮帰、先例用黒漆案、此度浜椿色案也、次諸卿起座、出陣前庇、大臣出二間、大納言三間、参議四間、北行進自陣北立蔀戸、列立西対南庭、大臣一列、大中納言一列、参議一列、大臣当対辰巳角簷立、列立之後、予進案下西跪指笏、更起取筥、不取花足、経案北昇自西階半跪、授内侍退下、立取笏立本列、諸（卿）還着陣、外記進舁案退出、喚後着靴参上、旬儀如例、事畢奏見参、召少納言給之、但諸司諸衛見参不奏、

此間還御、

広宗日記
朔旦冬至

広宗日記

延久元年十一月十一〔一カ〕日、癸巳、天晴、朔旦冬至也、賀表莒并案従厨家造進也、朴木莒以紺地錦為折立、浜椿按面以同錦為面、四角垂組、花足盤、其上置莒之、午剋関白（藤原教通）并左大臣（藤原師実）、右大臣（源師房）、内大臣（藤原信長）、源中〔大カ〕納言、春宮大夫（藤原能長）、左衛門督（源俊房）、右衛門督（藤原忠家）、左兵衛督（源顕房）、小乃宮中納言（藤原祐家）、左宰相中将（藤原能季）、能、左大弁（藤原泰憲）、右大弁（源経信）、右兵衛督（藤原資仲）、右宰相藤中将、宗俊、宰相源中将（源隆綱）参着右仗座、但儀式在別日記、正暦四年、長元四年朔旦日記、叶今日儀、

朔旦叙位儀

廿二日、甲寅、天陰間降雨、今日朔旦叙位儀也、先早旦関白殿并大臣三所各進十年労、外記各分参、左大臣、右大臣、民部卿（藤原俊家）、皇太后宮大夫（源経長）、春宮大夫、左衛門督、左兵衛督、小野宮中納言、治部卿（源隆俊）、源中納言（源資綱）、右兵衛督、左〔右カ〕宰相中将、宗、右大弁、右〔左カ〕宰相中将（源隆綱）、隆、参入、今日議正月五日叙位議同前也、

大右記

大右記

延久元年十一月一日、癸巳、朔旦冬至也、仍有旬、未剋参内、先外記二人昇賀表案、立

公卿列立

旬始

軒廊之後、諸卿起座、浅履、行東庇柱内出列、右府〔左カ〕自一位間被出、右府自次間被出、依二位也、予問宮内卿(源経長)、、、自何間可出哉、宮内卿答云、二位大臣被出、、、、、副天可被出歟、■記(日)、、依無所指見出自次間、中納言参議出自第四間、公卿列立弓場殿東砌北上、東面、三位中将基長(藤原)立加賀表列、人々加制止、基長不得心、忽退帰畢、賀表列、散三位不立事也、又賀表不加名也、議以奇恠歟、爰左大臣就案下挿笏取表函、授内侍帰加本列之後退出、此間進退容躰、誠叶器量、万人各有感気、事畢諸卿帰着仗座、次旬始、諸卿着靴昇殿、出居左中将、師兼(藤原)、作法音声共以無失、公卿座定之間、右府兀子折損被退下不被帰着、即被退出畢、次第如例歟、

経信卿記

左府以下陣座ニ着ス

経信卿記

延久元年十一月一日癸巳、今日朔旦冬至也、午剋先参、左府(藤原師実)奉昨日定文、即左府被参内、僕同以参内、先見御装束体如例旬儀、左府以下被着陣座、左府召大外記為長(三善)被問諸司具否、次使頭弁(藤原伊房)被申請御暦奏等事、次外記二人舁賀表案、入自敷政門立将座前、南間南北行立、史生先可舁此申文案、而外記舁之、失也、次外記二人舁之、渡陣前立南殿西廊東第一間、南北行立之、退去畢、外記退帰之後、如元可経陣前、而出自西中門不似例云々、次諸卿次第起座、自陣座柱内北行、大臣者出北第二間、大納言中納言参議者出自第

江記
殿上装束

三間経庭参進、（藤原俊家）民部卿出自大臣之間後、同雖出同間、納言参議随職可磨南北柱云々、列弓場殿前、大臣一行、大中納言一行、参議一行、已上東面北上、但三位中将基長（藤原）参進、依人々目帰去、不立列、次左大臣離列北行、就案下跪居、挿笏取莒、不取台、渡案北昇西階三歴懸膝、授内侍帰下、乍立抜笏左廻、自同案々加本列後、次第経各列後着陣帰入如出儀、次内侍出、上卿着靴昇殿上、次出居将率侍従参進、次々儀如例、但有御暦奏、大略如日記、中務輔着靴就版奏、又少納言出来令撤案之時、着靴云々、有番奏、又左府被奏見参目録返給畢後、於陣召少納言給見参、不給目録於弁、是近代例云々、此外無指事、今日公卿皆着无文帯蒔絵剱等、

首書云、右大臣兀子俄折、又次侍従床子不立、又中門北庭曳塞幔事等云々、又右府後日被示云、一日立次侍従床子畢、召侍従事宰相所為歟、如何、、、、床子又侍従又々相尋可備後鑒、被仰侍従諸大夫可着座之由云々、未見、可尋之、

江記

于時蔵人左衛門権佐

延久元年十一月一日、癸巳、朔旦旬記、践祚初河陽院始出御等、余奉仕行事、仍今度師賢（源）行事、未剋公卿皆参殿上、御装束如常、但御座西間坤角下立皇太子（貞仁親王）御倚子、平文無下敷物、自西柱東去二許尺、当第二柱自柱入北二尺許、而又撤之、前例東宮御禁中之時立之、今已御内裏、何可撤哉、隆方（藤原）朝臣失也、又弓場殿前并中門北廊前引、如去夏、是装束司両度失也、仍主上（後三条天皇）令渡南殿給之後、有仰被撤、亦堋屋以班幕二層掩之、前例也 而撤幕之次撤之、失也 出居床子自西庇西長押東去三枚立之、申剋外記二人舁表案、

案ノ寸法

立西軒廊第一間中央、惟宗義定中原義重、其案高二尺六寸、前例二尺八寸云々、長二尺歟六寸、前例二尺八寸、広一尺四寸、前例一尺四寸云々、榻足作之、有牙象四足、着丸緒、有総、金物如常、四角二重打臂金、案面東京錦張之、有伏組、案以桧木作之、取色如浜椿、南北妻立之、其上置表莒、以厚朴作之、広三寸五分、長一尺二寸、高二寸六分、加牙象定、有花足、広六寸五分、長一尺四寸、高一寸五分、件莒花足、花足有上――敷物用同錦、以膏瑩之、仍太有潤色、前例朴上不用油云々、莒中以同錦為折立、其中置表、以色紙書之、(源)兼行書、(藤原)実綱作、以同紙一枚為懸紙、

置畢、外記帰畢、此間御出前、是(藤原)伊房朝臣催内侍平仲子、周防、令渡南殿、数剋居屈帰入、太早也、

旧記御出以前進賀表云々、伊房説以為御本殿之時云々、其実不然、凡謂御出者、謂令着御倚子給也、如此之時、是謂渡南殿給後未■着倚子給也、

御出之時内侍取剱在前、次宸儀、(後三条天皇)関白(藤原教通)取御裾、次璽内侍、次女房可列、而蔵人季仲(藤原)取御靴、政成取式莒、交女房之中、関白顧眄仰云、前例無蔵人遮女房扈従之例、早可罷留、仍留畢、此度引導女房、是依階難登也、宸儀令停立北廂給、抑御装物所屏風外有御大壺、若可在屏風内歟、

俄カニ大臣以下座ヲ立ツ

俄而大臣以下自陣座起、自座議座後地東行、更折北行、自垂幕中行也、参上、随身不具、前例一位大臣出西第二間、二位大臣第三間出、逼西柱東辺、大納言自同間出、逼東柱西頭、中納言自第四間出、逼

公卿列立

能季誤ツテ納言ノ列ニ立ツ

主上靴ヲ着スモ狭シ

西柱東辺、参議自同間出、逼東柱西頭也、是大内之儀、公卿出小庭之時例也、然則准此可出、而太以違監、当弓場巽柱巽、左大臣（藤原師実）留之、無文玉帯、蒔絵剱、浅履他如之、当軒廊東第三間中央、弓場巽柱霤外云、次右大臣（源師房）立其南、次内大臣（藤原信長）、次民部卿（藤原俊家）欲加大臣列、人々目止、仍立大臣後、次源大納言（源隆国）、次春宮大夫（藤原能長）、次左衛門督（源俊房）、右衛門督（藤原忠家）、左兵衛督（源顕房）、小野宮中納言（藤原祐家）、源中納言（源資綱）、已上一列、次宰相中将能季（藤原）又誤立納言列、人々謦咳、仍立後列、別当春宮権大夫（藤原良基）、右大弁（源経信）、已上亦在納言後、一列、次三位中将、基長（藤原）、練出参上、爰人々追返、仍自月華門西奔殿上階下、莫不解頤

■、賀表是正員公卿所進、非参議何可加列乎、不覚之至也、列定之後、左大臣揖離列、自軒廊東第二間入、早速也、須侍内侍出畢、離列也、仍取莒就西階之後、太経時剋、亦内侍遅出、是職事不知故実也、或説可勤件役之、内侍忽有故障云々、内侍出居西簀子敷、大臣就案西跪、挿笏取莒、不加花足、起歴案北頭、就西階三等登、不歴階、先右足、立授内侍、此間有両説、或登五六等跪授云々、然故入道殿（藤原道長）説、三等登乍立授之、為勝云々、内侍取之、帰入、路如常、大臣還立階下、抜笏左廻不揖、歴本路帰復列、次揖左廻経納言前帰、次納言亦左廻経参議前帰、次参議亦左廻経列後帰畢、還出陣之時、失議等如前云々、民部卿自第四間入、資仲（藤原）、良基（藤原）自第四間中央入、皆失也、内侍持参表莒、関白伝献、而不御覧給、伊房朝臣、可御覧歟、件表関白以下加署名、然而左大臣被献前例也、伊房朝臣招余、授表莒、余取之、経長押自昼御座西二間入、置々物御厨子二層、西厨子、次主上令着靴給、伊房、実季（藤原）二人奉仕之、御靴太狭、

御足雖入行事失也、次大臣以伊房令奏未得解由者、并未起任之国司可預、今日座事、仰依請、次主上令着給、内侍置璽剱於西机、剱北柄西刃、璽筥在其東、宗季(実カ)置式筥、置東机、書以東為首置之、次主上自御帳北入、経倚子西着給、次内侍出如常、次左大臣以下参上、自西階登簀子敷南行、更東折、自各座間着之如常、次出居将右(左カ)中将師兼(藤原)朝臣、率次侍従公房(藤原)朝臣、自日華門着座如常、公房朝臣着座之間、踰床子之処、蹴床子上小畳、畳乃在座前、不能早敷踏畳、着座人々有可咲之気、次采女供御台盤於東階下撤把、前例必於西第一間撤把、行事師賢失也、以後作法如常、但供四種後下器渡、是常次第也、上卿左大臣去夏下器、次可供内膳々物之由被催、是度不然、以是謂之去夏被失錯可知、一献下器等如常、抑御厨子御菜二盤供之、為劣説、一盤令盛供為勝、為事速也、今度二盤也、師賢不知故説也、一献後酒番侍従着座、未賜臣下之前、仍以床子立西中門北廊、自月華門持入立之、抑前例旬時、立諸大夫座於春奥(興カ)宜陽両殿云々、二行立之、今年不立隆方失也、一献之後、右大臣兀子忽折、殆可及仆云々、是装束子(司)之失也、右大臣起座出了、

右大臣兀子折レル

又大臣三人也、須立三脚両面端兀子、而設二脚、仍内大臣被着緑兀子、装束司失也、大臣猶須暫不着座、召掃部司、令立改之後可着歟、失也、右大臣後日被示曰、内大臣猶還下階、立両面兀子之後可着云々、次二献、次奏御暦儀、

二献

二献、座、酒了後、開門、右近将曹率近衛二人、出自本陣開如常、闈司自右掖門、西中門南戸、入就版申云々、勅答、令申与、闈司帰了、中務少輔公経(藤原)率陰陽寮等六人、二人、舁寮御暦、四人舁辛櫃、頒暦、輔同加案列、去版位南一丈立件案、黒漆、東西妻立之、高三尺、長三尺、広一尺六

中務少輔公経陰陽寮等六人ヲ率イル

掌侍平仲子莒ヲ取リテ本道ヲ経テ帰参

主上御暦取ラシメ給フ

匡房番奏奉仕

三献

寸、其上有莒、広四寸、長一尺二寸、高三尺、無花足、件南去一丈、立赤辛櫃一脚、東西妻立之、立畢之後、陰陽師等帰了、輔留立、次更北進就版位、経案之留、奏云、陰陽寮申セル延久二年乃御暦進ラクト申給と申、無勅答、公経(藤原)揖西帰了、出自本門、次闈司二人、入自左掖門就案、良久不左右、是不練習歟、舁案依令習、経版位西登自南階、立御座東第三間、加御座間定、南簀子敷、東西妻、立了之後、闈司東行、人々留之、即下。自南階、立階左右、次掌侍平仲子入自御帳後、出自同間母屋、経庇下簀子敷就案取莒、経本道帰参、於御帳東辺奏之、其間莒蓋暫候、主上令取御暦給、置。東置物机、在式莒北、以東為頭、内侍掩蓋持空莒、経始道置案立帰了、次闈司登自南階舁案、経始道立本所退了、次少納言公盛(藤原)率内豎六人、自西中門、准日華、令舁案辛櫃等退了、二人舁案、四人舁辛櫃、件奏御暦儀、[redacted]公卿以下頗不練習、不知中務輔参由云々、但御暦者還御之後、蔵人取之、置々物御厨子、次番奏、其儀闈司入、奏勅答、令申与、已下作法如常、余奉仕番奏、於左掖門外着靴并蒔絵剱、搢笏、件番奏簡、府兼所儲也、在本陣、及期持来件簡書、番長以下三堺也、下有年月日、督、官位、姓名、奏之時以文字向南読之、事了退了、左近、少将知房(藤原)、右近、少将伊行、左門、余、右門、季綱(藤原)、左兵衛、長兼(藤原)、右兵衛、長明(藤原)也、抑人々自日華(門脱カ)出、余独出自右掖門、解笏剱等亦参入、於御後掌侍二人取番奏簡各一枚、奏聞去夏之旬、伊房(藤原)教内侍以簡令懸御帳東机、人々莫不盧胡、今夜不然如例、懸公卿候方机、次閉門了、次三献、次見参、此間伊房問余曰、近代旬無見参可催還御之事、余答曰、朔旦之旬時、猶可有見参、爰成疑付御後奏聞、仰云、可問上卿、伊房到西掖門、右近衛官人令問出居、々々問上卿、々々申可候之由、即起座、帰陣、此度取下襲尻、随身捧燭相随、即外記奉見参、先是出納渡殿上、見参如常、見了婦参、[redacted]外記捧文杖、於東階奉之、大臣取之、進奏之、其路如官奏時、但於西御屛風外暫立、内侍取之、奏之、御覧了返給、内侍取副文、於杖返大臣、抑此間大臣退立御座西第三間西柱下、加御座間定、大臣返給、下階給少納言、其後帰参、就本座、此間主上令還入給、大臣警蹕、其後還御、

抑代々例無御鎰奏、官奏、音楽、撤膳、庭立奏等、伊房存可撤膳之由、可恠之、亦番奏御暦奏等、年々例及晩景之時、多猶付内侍所云々、今年有此事、叡念云、為救公事之凌遅也、

天延有厨御贄、誤歟、

一献、御暦奏、二献、番奏、三献、見参、

此事可佳歟、二献有両事、頗為繁多、

今日一献之間、日及昏黒、仍女嬬等供燈御前燈台、、、、前間庇、大臣被命曰、可立、母屋当御帳巽坤角立之、

表書様如此、紙袖広并枚数紙長文字一行、数枚中行数堺等皆如此、後日所写取也、抑有懸帋一枚、紙者紙屋色紙也、

賀表

宝徳元年書写之、大略如本、雖写之文字大小不同也、又紙長
四五〔部〕分短也、字数如本之、

臣教通等言、臣聞、日月循環、以弦望之候不忒、春秋旋転、以啓閉之期無愆、推彼上天之暦数、協斯明時之休徴、臣等、誠歓誠喜頓首頓首死罪死罪、伏惟、
皇帝陛下、明比二曜運当千年、玄徳旁播以人民仰偃草之風、恵沢遍覃以邦国誇行葦之露、是以辺境中都一天無事、西収東作三農有年、況復当宝暦、改元之時、迎朔且冬至之日、誠是聖代之遺蹤、
陛下之嘉瑞者也、今値此霊貺誰能不称揚、臣等詣魏闕、以謳歌宜争燕雀之相賀望尭階、以抃舞更知蓂莢之克諧、共抽群官、同悦之思専献万寿無彊之詞、不耐喜躍、拝表以聞、
臣教通等誠歓誠喜頓首頓首死罪死罪謹言、

延久元年十一月十日

関白従一位臣藤原朝臣教通
従一位行左大臣兼左近衛大将皇太子傅臣藤原朝臣師実

右大臣正二位兼行右近衛大将臣源朝臣師房
内大臣正二位臣藤原朝臣信長
正二位行権大納言兼陸奥出羽按察使臣源朝臣隆国
正二位行権大納言兼民部卿臣藤原朝臣俊家
正二位行権大納言兼太皇太后宮大夫臣藤原朝臣〔経輔カ〕
正二位行権大納言兼皇太后宮大夫臣源朝臣経長
正二位行権大納言兼春宮大夫臣藤原朝臣能長
正二位行権中納言兼左衛門督臣源朝臣俊房
正二位行権中納言兼太皇太后宮権大夫臣藤原朝臣忠家
正二位行権中納言兼中宮大夫左兵衛督臣藤原〔源カ〕朝臣顕房
従二位行権中納言兼治部卿皇太后宮権大夫臣源朝臣隆俊
正二位行権中納言臣藤原朝臣祐家
従二位行権中納言臣源朝臣資綱
正三位行権中納言臣藤原朝臣経季
参議従二位行左近衛権中将兼近江権守臣藤原朝臣能季

参議正三位行左大弁兼勘解由長官播磨権守臣藤原朝臣泰憲
参議正三位行太宰大弐臣藤原朝臣〔顕家カ〕
参議正三位行修理大夫兼右兵衛督臣藤原朝臣資仲
参議正三位行春宮権大夫臣藤原朝臣良基
参議従三位行右近衛権中将兼讃岐権守臣藤原朝臣宗俊
参議従三位行右大弁兼中宮権大夫伊予権守臣源朝臣経信
参議正四位下行右近衛権中将修理大夫備後権守臣源朝臣隆綱

此奥続空紙一枚公卿署所与紙共尽無奥紙余之故歟、

南殿出御女房
小民部内侍　周防内侍〔平仲子〕　後少納言命婦　備中命婦
兵衛命婦　出雲命婦　新少納言蔵人　大輔蔵人
中務蔵人　右近蔵人

師平記　左府朔旦賀表ノ造進ヲ命ズ　左府ニ参ル　旬事

師平記　大外記

寛治二年閏十月十七日、癸亥、今日左府殿（源俊房）召式部大輔大江匡房卿於里第、被仰可令造進朔旦賀表之由、

廿七日、己巳、天晴、今朝予依召参左府殿、召御前下給朔旦賀表（虫損）以左大弁大江匡房仰云、以少納言藤原朝臣知家可令清書之者、次参殿下（藤原師実）相会件人触示此由、即、、、、料紙等了、

廿八日、庚午、小雨、｜｜｜｜｜｜｜｜

廿九日、辛未、左大臣被仰下云、明後日旬、諸司等午剋以前可参仕之由令催者、

寛治二年十一月一日、癸酉、天晴、是朔旦冬至也、仍有旬事、未剋左大臣、内大臣（藤原師通）、按察大納言（藤原実季）、源大納言（源師忠）、権大納言（源雅実）、右衛門督（源俊明）、左衛門督（藤原家忠）、皇后宮権大夫、（藤原公実）、大蔵卿（藤原長房）、右兵衛督（源俊実）（左カ）、右宰相中将（藤原基忠）、右大弁（藤原通俊）、左大弁（大江匡房）、参着仗座、先大臣召予被問諸司参否、次未得解由者可令候座者、此間縫腋使部二人舁賀表莒并案、立上官床子前砌内、件莒以朴木作之、。〔以〕青地小文錦為折立、置花足盤上、以同錦敷面、案以桧■作之、淡浜椿色、以同錦面四方、、、四角垂緒、、金物、件案莒等兼日奉上宣、従厨家、、、也、外記史生二人舁案立敷政門内宣仁門外、次外記二人、〔少〕小外記惟宗仲信、権〔少〕小外記中原宗政、舁同案入宣仁門度小庭前、立南殿西軒廊第一間、南北為妻、置表莒之花足盤横、、、、退出之路同前、次諸卿起仗座、

主上南殿ニ出御

有道庭中ニ立ツ

御暦奏

成宗中門ヨリ入ル

列立軒廊庭南辺、大臣一列、納言一列、参議一列、各東面北上、但雨儀之時、列立軒廊中歟、立定之後、左大臣、案下執表莒付内侍令奏、被奏賀表之間復本列之後、諸卿[redacted]〔還著〕仗座、[redacted]次外記趁、、渡舁案退出宣仁門外、件案花足盤等、、、如時納本局了、次申剋天皇〔堀河天皇〕出御南殿、摂政殿下祗候御後、其後諸卿起□座、着靴列立前所、公卿着靴而永承、、用内侍臨檻召人、先出居右近少将藤原顕実朝臣舁従西階着座、次諸卿昇自同階着座、次出浅履之儀例今度用浅履居侍従左馬頭源道良朝臣入自西中門、准日華門、着座、是間上官着階下座、次出居将喚内豎二件賀表公卿判署、、、音、内豎於中門外同音称唯、即内豎頭主殿、、藤井有道趁立庭中、中将宣云、給御飯称判下昌泰元年注唯、退出、即内豎等舁大盤立殿上、又所司。〔次〕侍従前立大盤羞饌、次内豎四人持下器東度、等言之由有職公卿等所被申也、仍被尋問其由之処、、、、主膳所受粉熟還出、分盛他器羞諸卿、又内豎四人持下器度東、受盛、、羞諸卿、此間有無不分明、但永承五年酒、番歟、、侍従四人自中門着西廊内床子座、大蔵小〔少〕輔親業〔藤原〕、、、保隆、造酒、、、、、舁自西階、、、羞賀表案文、、等言字者、、、諸卿、二献後近衛将曹一人、率近衛等開中門南腋門、准左腋門、闈司、、人着座、即一人就〔版カ〕、位仰任近代例不可有等言字者、仍今度无件字、、、奏御暦候由、有勅答、還退、次中務少輔源朝臣広綱、少丞橘為綱并陰陽頭助以下暦博士允属等、舁是御暦之莒案、入自同腋門立版位南退出、去版〔位〕、南一許丈立、、、舁立納人給暦辛櫃、中務輔一人独留版位本奏之、無勅答、退出、、闈司二人舁件案昇自南階、立簀子上、降、、西辺、内侍、、、、、昇自、階、舁案立本所退出、次少納言源朝臣成宗率内豎四人入自中門、令舁御暦案并人給辛櫃等退出、次闈司一人入自同門就版、奏諸衛番奏候由、有勅答、闈司退出、次諸衛、左近少将

三献

藤原朝臣俊忠、右近少将源朝臣能俊、左衛門権佐藤原朝臣為房、右衛門尉平重房、右兵衛尉平兼季、右兵衛佐藤原経忠、各持牘列立版位南、東上北面、尉去南許丈云々、互奏如例、有勅答、次闈司二人参入、立諸衛上諸、、、、、侍退出、三献了後、左大臣降自殿着陣座、外記挿五位以上見参於文刺奉覧大臣、覧了返給外記、召候膝突、如元挿文刺声、、、立小庭、大臣起座進軒廊下外記、祗候大臣取見参昇殿奏之、此間外記徘徊便所、奏覧之後返給、[redacted]大臣給之、降自西階立軒廊下、外記進参、給空文刺退出、次大臣召少納言〔源朝臣カ〕、、、成宗給見参、源少納言於庭中唱見参、然而近代依無其儀直退出、次天皇入御、次諸卿退出、戌剋事了、諸卿以下退出、

随身叙位勘文

十一月五日、丁亥〔丑〕、入夜随身叙位勘文、参殿下、依召以蔵人弁為房、進之、仍加白封入莒進覧、内々有被尋仰之事等、一々令申子細了、

「叙位召仰之後、十年労奏料并摂政殿新外記二人各進覧之、了[redacted]於大臣家者依令参内給、不令持参里第也」

十七日、己丑、天晴、今日有叙位議、仍申剋左大臣、内大臣、源大納言師忠、権大納言、雅実、右衛門督俊明、左衛門督家忠、左宰相中将基忠、右大弁通俊、左大弁匡房、藤宰相〔藤原〕公定、参着仗座、先召予有召仰事、次依召外記三人持御硯莒等列立小庭、大臣以下諸卿起座、被参摂政直盧、弁少納言外記史等相従、其儀如常、右大弁執筆、亥剋事了、大臣以下退出、左衛門督、左大弁還着仗座、被行入眼請印事縁事、諸司参仕如例、子剋事了、上卿以下退出、

薗韓神祭

豊明節会

「詔書下給中務省之後上卿召右衛門権佐藤原為房朝臣於藤突被仰免物事」

深更詔草ヲ奉覧

内弁左府起座

上官階下ノ座ニ着ス

今日薗并韓神祭也、藤宰相、公定、右少弁、(源)重資、外記史等向内裏、相率参社頭行事、今夜五節参内、藤中納言、宗俊、左大弁、匡房、備後守藤原朝臣家明、越前守源清実等也、

廿日、壬辰、天晴、今日豊明節会也、早朝所司装束殿上及庭中如例、二省立標、中務省置宣命版位、庭中構立五節舞台、未剋左大臣、右大臣、(源顕房)内大臣、(藤原師通)民部卿、(源)経信、源大納言、師忠、権大納言、雅実、右衛門督、俊明、左衛門督、家忠、左宰相中将、基忠、右大弁、通俊、左大弁、匡房、新宰相中将、(藤原)保実、三位侍従、(藤原)能実、藤宰相、公定、参着仗座、上卿召大内記在良(菅原)朝臣仰云、可草進恩赦詔者、奉仰退出、深更入詔草於莒奉覧、上卿覧了以頭弁季仲(藤原)奏聞之後返給、下給内記、清書覆奏如恒、中務輔藤原朝臣基頼遅参之間、召予下給詔書、仰云、依先例可伝給中務省者、次外記申二省輔。(丞等)代官、式部大輔代太皇太后宮大進源有宗朝臣、少輔代右京亮藤原朝臣有輔、丞代主計允紀頼経、大主鈴安倍助清、兵部輔代造酒正藤原親業、丞代主殿允藤井〔有〕、道等也、次進外任奏於上卿、覧了以頭弁被奏之後返給外記、仰云、可令候烈〔列〕者、申剋内弁左大臣起座、着靴到西階下賜叙人下名、着宜陽殿兀子座、此間右大臣以下諸卿着外弁座、小忌、左衛門督左大弁、為先召二省給下名、式部丞橘、、、兵部丞、、、、其儀如常、左右兵衛次将以下陣於南階東西、次出御、近仗警蹕、次内侍臨檻、大臣謝座、拝了昇殿、此間上官着階下座、次開門、次闈司着承明門代左右草墪座、次内記於西階下進宣命、奏聞之後返給、如本落字歟次内弁召内豎、二声、内豎頭主殿允藤井有道称唯参入、内弁宣云、召二省、称唯退出、次二省輔丞代等参入、式

宣命使版ニ着ス

内記宣命ヲ進ル

部輔代昇殿、取三位以上位記莒退出、授丞代、更昇殿取四位以下莒、授丞代退出、次兵部輔代賜莒同前、丞代等置函於庭中案上、（式東、兵西、）退出、次内弁召舎人、二声、大舎人同音称唯、少納言藤原朝臣公衡参入就版、内弁宣、刀祢召《オ》、称唯退出、次外弁公卿参入列立標下、謝座拝了、造酒正藤原朝臣親業空盞趁進奉之、謝酒拝了昇殿、次二省率叙人等立標下、次公卿降自殿列立庭中、次宣命使右衛門督（俊明、）着版、宣制両段、公卿再拝、宣命使昇殿、公卿還昇、次式部大輔代有宗朝臣進案下読三位上〔以上カ〕、、少輔菅原朝臣在〔良〕、、、読四位以下位記了、次兵部輔代親業朝臣読位記同前、次叙人等次第給之、拝舞退出、次一省丞代取莒退出、掃部寮撤案、次諸卿降自殿拝舞、了復本座、次内膳司供御膳、、、次供（御酒、）。一献之後、国栖奏、二献之後召御酒勅使、三献之後大歌別当源大納言（師忠、）降殿、着舞台前床子座、発歌笛、舞姫四人於殿上舞之、次公卿降自殿列立庭中再拝、了還昇本座、次内弁昇殿着仗座、先召見参禄法文等、外記進見参、（五位以上一通、俘囚見参一通、禄法一通、）覧了返給、次内記進宣命、内記次宣命伝授外記、々々以宣命禄法見参等挿書、於西階下進之、上卿昇殿付内侍奏聞之後、返給空杖、次召参議藤原基忠卿給宣命、召参議藤原通俊給見参禄法等文、諸卿降殿列立右仗南殿、次宣命使就版位、宣制両段、諸卿舞踏了昇殿、次天皇入御之後、大臣以下着禄所、各賜禄、亥剋事了、上卿以下退出、

首書云、節会了之後、予参摂政直廬令申慶賀、次参太上皇(白河)御在所同令申慶賀了、

経信卿記　大納言民部卿

左府賀表等言ノ字ノ事ヲ相尋ス

寛治二年十一月一日、癸酉、朔旦旬也、午剋参内、例帯前駈二人或本国宗(藤原)、参入之間、左府(源俊房)、按察(藤原実季)被参会陣外共参着陣、先是上達部両三輩参入、少選摂政(藤原師実)参給云々、内大臣(藤原師通)被着陣、又源大納言(源師忠)、侍従大納言(源雅実)、左衛門督(藤原家忠)、左(マヽ)皇后宮権大夫(藤原公実)、大蔵卿(藤原長房)、右兵衛督(源俊実)、右大弁(藤原通俊)、左大弁(大江匡房)、之中二位中将(藤原経実)、三位侍従(藤原能実)参入、但不着陣座、左府宣云、朔旦表等言字事相尋可申者、而令問外記之処、師平(中原)申云、寛和、永承、延久等例無等言字者、但昌泰有等言字者、何様可有乎、申云、両説候者、可令随仰歟、公式令論奏式注等言字、若可准彼歟、但注上判難知一定、人々被申云、可被依近代例歟、左府使蔵人弁為房(藤原)被申外記所申并昌泰例等、仰云、依近代例等言字不可注者、次使頭弁(藤原季仲)被申云、今日何事々可候乎、仰云、御暦。(奏)番奏可候者、次召大外記被問御暦奏番奏諸衛候乎、申云、御暦奏諸衛令催候者、次外記史生二人舁賀表案、入自敷政門代立陣後、次被催賀表：―― 外記二人舁賀表案、案者色取浜椿、打金物角々垂総、面敷青地錦、函者厚朴木有蓋、有台、又有折立、案南北行立之、函者東西行置、渡陣前。(経)庭立南殿西廊東第一間、次左大臣起座出陣第二間、内大臣同前、次按察経同間、可出次間歟、次

予出第三間磨北柱、出源大納言侍従大納言同前、右衛門督(源俊明)以下并参議出第四間、（第三行ニ列立）（中納言磨第三間南柱可出歟、）大臣被立西対巽柱南庭第二行、按察、予以下大納言列立第三行、参議列立、（立間有揖、非参議不立列、）次左大臣揖離列北行、入自軒廊西第一間当案西跪、挿笏取函、（不取台、）経案北、（此間内侍出来居西階上、）登三級授内侍却下、抜笏左廻被加本列、次揖左廻経大納言列前南行、内大臣同前、次按察同右廻自参議列前南入、、、、、、、内侍臨檻云々、四位少将顕実(藤原)先経陣前参上、仍左府以下着靴経陣前参上、（左府以下着靴ニテ参上）着靴経陣前、（今度出自南第一間、）自砌入軒廊西第一間参着兀子、摂政座御帳、上卿坤角、次出居侍従、（左馬頭道良着靴経、、、、、）昇、、、、出居召内竪、（二音、）内竪進立庭中、仰云、御飯給へ、内竪称唯退了、采女立御台盤二脚了、（一脚者南北行、）内竪等立王卿以下台盤、（立大盤之次立殿上酒具、立東廂第二間金瓶金器）（五尺四脚、八尺一脚、出御前立八尺一脚、）（本置箸匕、）以下器渡、次供四種、（臣下四種同居、）次供索餅給、臣下嘗之了、次供御飯、（先供鮑御羹、）居臣下飯汁、（聞御箸音嘗之、）次一献、（御酒臣下此間、、、、、）次下器度、（内竪等各入炊粿堅魚堅塩干鯛蔓、、、、）次供干物菓子、次御暦奏大略如例、此間漸臨昏黒予却出了、三献之後有番奏、（番奏）次被奏見参云々、

御装束懸御帳帷巻上、南東西三面御帳東面一間逼東西（西或本 本定）柱、立御屏風一帖、南庇西二間南上長押上立兀子床子等、西障子前立床子二脚、陪膳采女草墪御帳前巽柱南去、、尺立之、中門南廊東西東対前東退、南北行曳幔、南殿坤軒廊内立胡瓶、（有台、）

後聞、為立賀表、列上達部出陣前庇之間、多以相違云々、退案之、於予者自是以前度注（延久也 承保朔旦 賀陽院）

四条大納言備忘記

置云、大臣出二間、(俊実大納言出二間世人為失也)大納言磨三間北柱、中納言磨同間南柱、参議出第四間者、偏案此説所出也、又件事被注四条(藤原公任)大納言備忘記者、引見之処上達部出陣儀云、一位大臣一間、二位大臣第二間、大納言同間出、中納言磨三間西柱、(例陣、)参議出同間東柱者、若就此儀者、承保度記誤歟、又々可相尋、偏就彼記尤失錯也、又々可尋之、又就四条大納言備忘記重案之、一位自東第三間出、二位大臣自東二間、大納言、、、、、間被出、按察自大臣間出、自余大納言磨第二間北柱出、中納言参議皆自第一間出如彼記説、皆悉相違、是自例陣座今一間減故也、可有新儀歟、

参仕ノ公卿

寛治二年十一月廿日、(壬辰、)天晴、中斜参内、(有文帯魚袋、具靴、前駈行孝、)上達部未被参、仍参着殿上談話頭弁之間、人々頗以参集、凡参仕公卿、左大臣、右大臣、(源顕房)内大臣、源大納言、(師忠、)侍従大納言、(雅賢(実)、)右衛門督、(俊明、)左衛門督、(家忠、小忌、)宰相中将、(藤原)(基忠、)右大弁、(通俊、)左宰相中将、(藤原)(保実、)左大弁、(匡房、)三位侍従、(能実、〔小忌〕)新宰相、(藤原)(公定、)

左府諸司ノ具否ヲ問フ

左大臣召大夫外記師平被問諸司具否、申云、多者参候、未参候者重遣催了者、次召大内記、(菅原)(在良、)被仰詔可作之由、在良入草於莒持来、上卿披見了後内記退出、上卿目予被示云、相扶所労参仕、仍付頭弁被奏、次被下給云、清書者、上卿召内記下給、小選持来清書、又付頭弁被奏、被下之後、被尋中務輔、外記申云、(藤原)基頼朝臣所令申候近辺由也、即

相尋候也者、令申云、大略不候歟、上卿召大外記下給了、若被仰可給中務輔之由歟、依微音不聞〔歟〕、蔵人弁為房下奉中文、下名歟、先々上卿被申請之時、職事持〔来〕参、而令職事直持参、可尋、是在良加階事也、上卿被召着一日候入眼参議、左大弁、、、、召硯、外記置左大弁前、上卿持下名被目大弁、、、進倚給之却帰、書入下名更起座奉復座、上卿被披見、了被々人々云、可入莒歟、予申云、職事只取手持参之様所見、、也、左大弁同申此由、仍召蔵人弁被付了、次外記申代官、次左府起座於陣腋辺着靴、経陣前被進参、内侍持下名進出歟、給下名於二省之後、如本被帰了、自余上達部起座、出敷政門、此間秉燭、着靴、着外弁座、右大臣以下■、小忌先可着、而上臈不被催先被着兀子、若被忘却歟、次右大臣召外記、外記跪庭、近代例歟、被問諸司、

開門

次良久開門、又小選有召、大舎人叩〔門〕、、少納言起床子座進参、上達部起座雁行中門外、少納言出召、上達部列立庭中如常、次内弁宣敷居、次謝座謝酒、次着座後之儀〔々〕如常、宣命使右衛門督、上達部起座列立、宣命使就版宣制、

上達部拝舞

上達部拝舞如常、次上達部[redacted]欲訪五節所之処、無可倚路、仍不向五節所、是装束使可申請無路由事歟、次第如常、一献、国栖、二献、御酒勅使、参議保実三献、大歌別当下、次召大哥別当、新宰相、五節舞後有拝、次予退出、

江記

匡房卿記　参議左大弁

寛治二年閏十月十七日、自左府（源俊房）有御消息、仍参彼殿、帥（藤原伊房）被参会、以明業令申案内、敷円

俊房朔旦表ノ作進ヲ命ズ

座二枚於対南広廂、主人冠直衣被出、予依気色経南簀子着座、主人被仰可作進進〔衍カ〕朔旦表由、予称唯了、来廿九日許可進之由申請之、令覧摂政（藤原師実）事如何、左府命曰、長元、年実資（藤原）大臣奉仰召挙周（大江）朝臣仰之、永承五年宇治殿（藤原頼通）仰大外記員〔貞カ〕親（中原）、令伝仰於国成（藤原）朝臣、々々々先令覧故右府（源師房）、彼時大納言、其後付了、

朔旦表ヲ持参

壬〔閏〕十月廿六日、戊辰、参左府、持参朔旦表、、、也、書檀紙二枚、無懸帋裹紙、命曰、有所労不出外、可参北殿、、、乃参入、左府烏帽子直衣、即、、、、読申一通、左府命曰、可覧博陸（藤原師実）、但不可入莒歟、非奏文之故也者云々、又旬日献賀表、着浅履、、、、還着之時有事煩、、、、者、故殿記有沙汰、、、、出小庭之時大臣者出自東第三間、大納言者共入自第二間、、、者、

参内

師通ヨリ袍ヲ給フ

十一月一日、癸酉、早旦小浴、依可随神事也、午剋従内府（藤原師通）被仰云、巳剋可参殿下（藤原師実）、其後相共可参内者、

延久記

長元経頼卿細記

、剋参内、无文帯打下襲也、袍内府所給也、今日依希代頗刷衣服、而参内之後、上臈人々不楚々、可恠之、停立於陣腋、右兵衛督（源俊実）参会、賀表案立於腋床子前、以表莒横置其上、其表案等造曹司、祐（小槻）俊仰木道工所令造也、其面用東京紺地錦、、案脚四角有白銅金物、自余前如延文〔久カ〕記、寸法同延文〔久カ〕歟、左兵衛督（源家賢）云、長元経頼（源）卿細記、此事之中、表案縦置案上之由所見也、以此由示大外記、々々々告大夫史（小槻祐俊カ）、仍縦欲置之処、案広不叶莒花足長、仍忽以工令造縮花足、

為房(藤原)来云、朔旦或有不当之年、今年有三大不可当朔旦歟、匡房無申歟、此由上皇(白河)并殿下
所被仰也者、予陳云、三大三小、、之常也、就中貞観之比、置冬至於二日、有仰令諸道
勘申、依是善(菅原)、音人(大江)等議、改置於朔旦有朔旦賀先、者歟有前例、仍所。(不)申其由也、又私問
曰、今日、、仕番奏読申簡之間、以文字可向何方哉、予陳曰、向南読之也、又曰、就

畳簡

版之時一々毎人可揖歟、予陳曰、可然、又曰、畳簡之時、予陳曰、可然、又曰、畳簡之
時、左府三枚、右府(源顕房)三枚可帖歟、将左近右近、左衛門、一人右衛門、左右兵衛一人可帖歟、
予曰、以先説為宜、、近代用後説、為房曰、殿下仰曰、可用前説、又曰、退時如何、予
曰、凡就版位之人、退時左方者左廻、右方者右廻也、又曰、供膳之時、御厨子所御菜之

汁物ヲ供ス

中、可有御汁物者、去四月旬守旧記、不令供銀器汁物如何、予曰、必所供汁物也、為房
曰、上皇御次第有御汁物、仍今年可供、又右大弁(藤原通俊)為五位蔵人、奉仕旬行事之時、不供銀

酒司台盤

器汁物者、又曰、酒司台盤可立一脚歟、去四月旬令立二脚、予曰節会立二脚、旬立一脚
也、又云、所立之物金銅鳳瓶一口并同酒、、、件鳥口可向何方哉、予曰、可向北
右大弁曰、可向南者、海其形如何歟、右大弁曰似大盤、予曰、大盤者若節会、、、卯子物事等旬、殊不見、節会御装束不能見、

俊房ラ参ズ

但東、屋前南北行引幔十間許、ヽヽヽヽヽヽ此間左府、按察大納言(藤原実季)、民部卿(源経信)、経敷門内被参、予依例磬折
於床子前、為房説於床子西北、予曰、不可然、俄而内府参入給、被相待渡御南殿之間、日已及

出御

申剋、此間適出御、(内侍周防仲子(平)、因幡惟子(藤原)、自余女房等、称不諧由不参、仍被仰、典侍各一人令装束可令進之、)未出御之間、外記未令立案、仍予催之、着衣冠之使部不見、来史生盛方(小野)、又束帯参入、独案立於陣座後南一間、左府於陣座、被定等言字有無事、予曰、依近例不可候歟、即以為房被申云、(御元服表、承平亦無等字、)不可候之由、人々所定申也、即被仰其由、左府召師平(中原)被仰、師平其次申。云、置莒縦横以何可為正哉、左府被問諸卿、所申不定、左府被仰云、如此之事外記可相尋、不可待上宣、延久之度横置之云々、

先是、陣座前雨湿、仍仰主殿司令敷砂、官人又相具、、、砂於中取之、又被仰云、陣頭汚穢已以事外也、誰人可掃除哉、予申云、装束司可掃除而已、俄而外記、(惟宗仲信、、、、)舁案、(下臈、舁前)入自参議後戸経陣前小庭、到南殿西廊、立於東一間、(子午為妻、)表莒、(夘酉為妻、)次諸卿参上、

西宮記永承記

(浅履也、西宮記浅履、同四巻之文、靴寛弘以後記多浅履、永承記云、靴者還着陣之時有其煩、仍用浅履云々、去延久元、亦浅履、仍用延久例歟、)左大臣自陣座北第二間出東庭、(例陣座五間也、西一間大将座、二間一位大臣、座三間大臣大納言座、四間中納言参議座也、五間是行合之間、然而横切座也、此内裏四間也、北一間大将座、第二間大臣被着之、第三間広間也、第四間横切座、仍不別一位大臣二位大臣被用第二間歟、亦左府先日被示曰、朔旦時大臣者、自西二間、大中納言者共出自三間、大納言者西辺、中納言者東辺、参議者出自一間、是各別可列立之由也云々、此事、、、尋前并可問故実、)内府、(師通)起奥座、経参議座後并角柱内、自二間出給、按察亦如此、(大納言也、須自次問可被出歟、若又依後説大臣自北辺出、大納言自南辺出之儀歟、)民部卿、(経信、)両源大納言(師忠 雅実)三人自第三間北辺、納言三人自第三間北辺、右衛門督、俊明(源)、左衛門督、家忠(藤原)、皇后宮権大夫、公実(藤原)、自四間、(横切座間、)北辺出、(民部卿被申云、自三間南辺可出、至納言者不可用横切間、)大蔵卿、長房(藤原)、右兵衛督、(俊実、)宰相

晴儀

中将、(藤原)基忠、右大弁、通俊、等自同間南辺出、左府到於西対前、東一間也、猶可被東進歟、可当軒廊也、留立、即大臣一列、大中納言一列、参議一列、並北上東面、此間小雨、然而猶用晴儀、内侍出、因幡、未及南殿西庇之間、左府揖離列、内侍出居之後、可被進歟、入自軒廊西一間、此廊只二間也、就案下跪、挿笏取莒、不加花足、経案北到西階登三級歟、頗及授内侍退下、於階下抜笏、不揖、左廻復列、自上立列、内侍参御所之後、左府左廻自納言前退、以下亦如此、先是、内府与民部卿、於陣後可左廻歟、可右廻歟由被議定、予并民部卿被申云、随上臈、是全説也、内府御随身在御共、予告曰、今日不可令具随身給、然而進給之度、已候小庭、自参議座後戸退入、次左府於陣、以頭弁(藤原季仲)被申云、番奏御暦奏等可候歟、将可付内侍所歟、此間左府被定曰、起座可着靴歟、予申云、此間被下之宣旨可有歟、左府命曰、何宣旨哉、予申云、未得解由者可令候座由也、左府被立、此間季仲(藤原)来於陣後仰件宣旨、左府召大外記乍立被仰、猶於陣可被奉御暦奏等、猶可候、次内侍

顕実参入着座

出、周防、次出居将右少将顕実(藤原)朝臣、着靴、蒔絵剱、自本陣出参入着座、先是、内府以為房被申殿下曰、有大臣大将之時、大臣大将先昇、雖有親王等猶参上也、而年来称第一大臣、非大将出居将所参上也、右大臣兼大将為上臈、仍彼参時被引彼人、先不参上、(如本)今日右府不被参、若大臣大将先可昇者也、当其仁随仰可参上、為房帰来曰、依年来例出居可先昇者、殿下仰旨頗无謂、次左府以下着靴次第参上、二位中将(藤原経実)、三位侍従(藤原能実)等今度行列、先是殿下被相尋曰、非参議人々可退出歟、民部卿被申云、賀表列不可被列、旬座可被参、座狭中納言、皇后宮権大夫以下不能着、但称参議一人必可候、左京大夫(藤原公房)着之、自余

退出

公卿自軒廊退帰、予又退出、参梅宮、始従神事也、与右少弁(源重資)同車、於姉小路猪隈、装束、

公卿路

十一月六日、戊寅、雨降、晩頭参内府、事次問申朔旦日、公卿路以何（可）為上説哉、殿下仰旨如（何）、仰曰、殿下旨猶自本座間可出也、今度皆違例也、横切座間非間数、然則左府可被出自北二間北辺、而用中央失也、按察可被出自同間南辺、而用中間又失也、民部卿以下三大納言（経信・師忠・雅実）可被出自同間南辺、而自第三間北辺亦失也、右衛門督以下三中納言可出自三間北辺、而自横切座間出失也、大蔵卿以下五参議自第、間南辺可出、而用横切座亦失也云々、

表案
西宮記
故右府記
西宮十五巻抄

表案可用黒漆案由、見西宮記故右府記（源師房）、被難用浜椿案由云々、可引西宮十五巻抄、而見之、

行実ニ書状ヲ送ル

十一月廿一日（廿日カ）、壬戌（辰）、早旦送書状於淡路守行実（藤原）許、令申仙院（白河）去夜忽充小忌、求長裾下襲也、可被申下之由不可奏給、私可被下之由、三位□乃下給打下襲、行実曰、已以奏聞、依仰抽美麗所給也、

師通ヨリ下襲ヲ給フ

又自内府下給下襲、是依夜前申也、但依不定重令申院也、

日蔭髪

以日蔭引廻巾子結之、以梅花具令造梅花日枝、本定長一寸許、付之、於日蔭、当冠上緒前[redacted]後程、各付、

小忌袍

以白布細厚張之、借有宗朝臣（源）、形木以続飯塗、形木掩布於其上墨摺其上、頭摺散花、但其

身一幅一幅本定、亦有鰭袖、大略如狩衣、但前長後長一丈二尺、
半臂
羅也、其身面濃蘇芳打、裏薄以羅為襴一重、半臂亦羅也、滅紫色是也、但半臂奉仕賀茂臨時所給也、慮外留在櫃底、
下襲
後長一丈二尺前、是内府所給也、院所給頗優美、仍為期後晴不着用、白袙二領、白単衣一領、純方隠文帯、金袋等也、自余如常、

舞姫装束

自按察大納言許被送、今夜舞姫装束是濃打袙一重也、頗長自例袙着帯間、自可等之故也、申剋参内、今年依有叙位可速自例年云々、左府後被参左衛門督、又早被参小忌之人々、不必着陣、仍停立、此間按察大納言被送、舞姫今夜装束、濃打袙一重濃袴一腰、

在良叙位

次可令清書由被仰、又乍居被奏、有御書、未被下詔書之間、以為房被仰菅原朝臣在良可叙正下、策、是去日叙位被賞諸道紀伝独漏恩、予令申曰、諸道之中以紀伝為宗、明経無可叙之人、給正上於師平、文学院何漏其恩乎、明年可叙位之者、在良広綱(源)等也、前例朔旦之年可叙之者被叙者例也、如何、仰云、正暦無紀伝殿人、又令申云、信順(高階)彼已預加級、是豈非紀伝乎、又被仰曰、広綱在良中誰人可叙哉、又令申云、共有前例、但至在良者趁

下名ヲ下ス

諸卿外弁ニ着ク

劇務暁夕奔波、又如成季（藤原）者只大内記労、朔旦年叙位已有両方、理可被叙在良歟云々、所被仰如此、若被挙用予議歟、左府付為房被申下名、是予所書也、此間被下詔書、左府召大内記被尋中務輔丞参否、可参入者、即給師平可令伝給者、次為房下々名、此次左府被仰為房詔書施行以前可免〔見〕。囚由、須猶帯剱奉之也、為房小忌也、為房奉之、出給宣旨書於検非違使云々、次左府令官人召予、々参入可居横切上頭由被仰、右大弁在座、依仰着其上、次召官人令置硯、次左府被目、予参入、左府被仰曰、在良叙正下、策、可書入、依為入眼参議也者、予申云、策者可被注叙位薄、於下名者所不注也、即還座書入之、於光平（賀茂）上、孝言（惟宗）下了、菅原朝臣在良六字也、即返上了復座、左府被議曰、入莒可奉歟、将不可入歟、予申云、前例更不入莒、左府被申云、或入莒、予申云、召名非奏書、上卿申下令書入也、又年来更不入莒、左府遂不入莒、付為房被返上、次撤硯、次予退座、次左府召大外記被仰以白紙可令読由、可伝仰者、次外記宗政（中原）申代官如恒、次被奏外任奏、次主上渡御南殿、俊明卿奉仕御装束歟、内侍持下名臨檻、左府経陣前着西階、 、下名還着内弁兀子如恒、式部丞説家（橘）、兵部丞、、給、又如恒、次諸卿着外弁、着靴、西車宿砌、右府以下先着可恠、前例以小忌為先而已、次小忌左衛門督、、例着大丞上、予座独床子也、右大臣、民部卿、源大納言（師忠）、権大納言（雅実）、右衛門督、宰相中将基忠、右大弁通俊、宰相中将保実、新宰相公定着、次少納言公衡（藤原）、権右〔左〕少弁為房着、少納言者在南、外記史又着其後床子、此間右府被命曰、小忌可為先、而先着是癈忘也、又外記弁可問事何々哉、予大略申之、右府令召使召外記、々々雅仲(三善)跪候、右府被問曰、大舎候哉、、、候哉、二省候哉、叙列候哉、国栖候哉、雅仲毎度申云、候、不大微音被咎、右府仰曰、令候与、内弁作法不能見、開門之後久経程、是被給位記莒等之程歟、不能見、仍不記之、

公卿雁行

俄而大舎人於西中門外称唯、少納言公衡、、参上、此間公卿起座雁行於幔北、弁為房起座磬折而立、次公衡還来出幔外暫息、更立幔中称唯、高、次於幔外立北辺、小忌以下公卿入自中門列立於標、左衛門督立於少将座前、近仗起列立了、左衛門督謦咳、内弁宣、敷居尓、群卿再拝、先突左膝、立企右足、酒正親成捧盞屈行、到左衛門督前相跪、左衛門督取盞、不取盤、酒正到殿坤之間、左衛門督起再拝、群卿亦再拝、酒正又来、左衛門督亦跪返盞、次左衛門督以下左廻、入自軒廊着座、小忌在南廂西第一間、自床子不入着之、右府、三大納言着母屋南座、右衛門督、宰相中将着奥、右大弁、保実(藤原)、公定(藤原)着外、左府被問殿下曰、王卿訪五節所程哉、殿下被仰曰、叙位以後如本歟云々、

宣命ヲ給フ

二省引叙人参入、諸仗立、内弁召右衛門督給宣命、依一位被用中納言歟、俊明立於内弁座間、挿笏給宣命、左廻復座、次小忌以下并内弁以下列立、内弁命曰、可出自西廊東一間二間者、立雑具猶可用次間、東面北上列立、左衛門督当右将前仗前立、依無所歟、予立於其南、宣命使就版、大内之儀、可経両机間、然而此儀自西進、仍経案北、宣命一段、群臣再拝、又一段、群臣又再拝、宣命使去版一尺許立、宣制、、、仰可北進由、是納言者可北寄歟、俊明守参議之故也、宣命間左開左顧、並依西礼、宣命

使復座、欲北折、有揖、群臣復座、式部大輔代太皇太后宮権大進有宗朝臣(源)、唱太政大臣位記、省録取之、
次少輔在良召唱大外記師平、不立叙列在階下、左府後日被恠、次兵部輔代召唱武官、了武臣先拝、文
官後拝、殿下被恠仰曰、相依馳道一度可拝歟、諸仗居、二省丞代取莒退、掃部撤案退了、
次王卿下殿拝舞、西面北上之、謂之親族拝、了又復座、此間王卿可訪五節所也、而無路、殿下仰曰、経
御湯殿、今者太可見苦、北渡殿高欄太高、左右相議遂不被相訪、此間釆女撤御膳、也、

五節所ニ向フ

予向五節所、依無路経殿上前御湯殿、今着靴、太無便宜、然而依不獲近也、此間供御膳等歟、不能見、後聞、供御飯之後、供
白酒四度之後、給臣下、一度、供黒酒四度之後、亦給臣下、一度、一献国栖奏如常、次二献、御
酒勅使左中将保実右廻下殿、取外記夾名、昇殿進立於第二柱東二尺之後、左廻復座、次
三献、此間予又参上着小忌座、立上再箸、而候、大哥別当大納言師忠卿下殿、内弁起座
被奏、、、、召参議公定卿被仰、又右廻到南簀子、召御酒勅使之所、揖左廻下殿、次大哥別当参上、
次内弁被仰可下小忌大、、、左衛門督予等起座、内豎等舁台盤、下出第二間、次舞姫出、
以中為上、舞未終内弁被仰舞可入由、
今夜予五節付童之人、蔵人少将能俊(源)、右少将有家(藤原)、几帳、時範(平)、抱舞姫之役、蔵人朝輔(藤原)、舞姫、着青摺蒔櫛彫櫛等、童下仕、
用覧装束、但童汗衫、、、次小忌以下又列立拝舞、謂之楽拝、

小忌以下列立拝舞

内弁不復座着陣、見々参、々上殿被奏、了還杖復座、召宰相中将基忠、左廻復座、給宣命、召

小忌人々笏ヲ取ル

右大弁給見参、右廻下殿、引史就禄所、無弁云々、次公卿以下列立、基忠宣制一段、群臣可再拝也、而小忌人々取笏、左府置笏、欲被舞踏、而依小忌人々目被示監〔濫〕吹之由、拝舞混雑、太无便宜、次内弁以下一両参上、次小忌人々就禄所給禄、跪莚上再拝退出、人々皆退出了、

今夜於五節所、給髪上絹五十疋、又給柳■色。衣、、単一領、袴一腰、了女官一人給八丈絹一疋、綿十、、、各殊依日来格〔恪カ〕勤也、明旦所給也、髪上中大桶一口、今給之、申帖不給也、童女等今夜自里節送了、給装束二具、不給宿物、或人云、装束一具不可給、然而何不剥人衣哉、抑昨日織物汗衫、表袴以下依已装束、、不改之、明日為房送書状、汗衫、、殿下御気色曰、去年右府献之、五節童着織物、然而依前斎宮〔媞子内親王〕給之、無其沙汰、今年令着之旨如何、似破制法、然而依明日可着座、無其沙汰者、即令申云、申付他人之間、不知去年子細、誤所用織物也、臨御覧期不能改、、、之、無何事、比之敢無所避申者、此事先日令、、、殿政所御気、而殿并上被仰曰、織物可任意者、今仰旨如何、又保実卿献五節時、令着織物汗衫、令仰曰旨不知由緒、凡近例皆着之云々、

送大師許前物一具、九本絹廿疋、大蔵省、

送理髪許前物一具、九本絹廿疋、頭弁、

廿一日

送大師許

菓子百合、在台、絹百匹、絹十屯、以上各裹紙、入長櫃 絹者各五十疋裹云々、

季仲卿記

季仲卿記 于時頭弁

表案高三尺許以桧作之、浜椿(採)[彩カ]色以唐錦為敷物、四面有伏組、四角垂総、四足以金銅打裹之、表筥以朴木造、有錦折立、有花足、々々面敷唐錦、件表案外記使部立上官床子前之後、外記史生二人可立敷政門内也、而候御後之間不知案内、可尋、

南殿ノ装束

寛治二年十一月[一日脱]、癸酉、天陰雨不降、今日朔旦冬至也、予巳剋参殿[藤原師通]、仰云、早参内可催諸事、中務輔各有故障之由、夜前外記所申也、其後不申参否、早可令催少輔広綱[源]者、予即参内先勤仕南殿御装束、其儀懸御帳帷壁代等、装束使昨日勤之、御帳帷巻面御帳[西カ]五六寸許北押、其内敷両面畳三枚立平文御倚子、不敷毯代、御倚子前置承足、其、、火炉左右有置物机師子形立御帳々台上、御座西北角敷円座一枚、摂政[藤原師実]御座、御帳南方立小机、為懸二御大盤也、御帳南廂敷草墪一枚、陪膳采女断、但東方、御帳後東西各去一間、立大宋御屏風各一帖、西ハ東向、東ハ西向、各相向御座也、御帳後敷青錦畳二枚、御障子北、、間、敷両面一枚、同西掖有御装物所、其西敷所司畳二行、東西女房座、従御殿至于南殿有莚道、殿南廂西第一二間、立公卿兀子長床子一脚、左大臣[源俊房]兀子西第二間柱東進一尺余立之、然則三間西方也、是已故実也、西廂南一間立床子二脚、出居、、、後有路、西軒廊

西第一間西柱下立火炉并案、案北、火炉南、其南壇上立辛櫃一合、東西妻、同軒廊東方西階南掖立銅胡瓶、
有案紺敷物東向、或人云、節会之外不可立胡瓶云々東堋前并廊前南北行曳所司幔、中央有幔門、中門北廊自母屋柱東南
北行曳所司。、落字歟(幔カ)如節会其前立長床子二脚、(藤原為房)蔵人弁云、件床子今日多可立歟、予答云、未得解由者近代雖被仰不着件座、仍不必多主也、階下左右敷

装束使記文

殿上人上官座如恒、今日御装束大略如此、但案装束使記文、南廂外自母屋第一間至于其
北、敷親王公卿座、又出居床子三脚也、中務版位式兵両省標如常、節会者雖載記文近代
不然、今日亦無其尋、上古就件記文奉仕御装束之時、或被改定云々、
未剋許、左大臣以下諸卿参入着右仗、先是使部二人舁表案立上官床子前北砌、東西妻、予云、先例外

南殿ニ出御

(記使カ)■記部着袍者二人舁之、令参官使部不着袍舁、尤違例也、申始出御南殿、内侍二人執御剱前行、一人璽。(御)筥、候御後、摂政
殿下先令出南殿西戸給、予進西対弘廂催賀表案、良久外記二人舁表案出同陣座方、立軒
廊東一間中央、頗進西南立之、表案南北妻、表筥東西妻、横置也、外記二人、少外記惟宗仲信、権少外記中原宗政跪抜
笏退出、此間左大臣、内大臣(藤原師通)、按察大納言(藤原実季)、民部卿(源経信)、源大納言(師忠)、権大納言(源雅実)、右衛門督(源俊明)、

諸卿参入ス

左衛門督(藤原家忠)、皇后宮権大夫(藤原公実)、大蔵卿(藤原長房)、別当(源俊実)、右大弁(藤原通俊)、左大弁(大江匡房)、次第立陣座参入、但陣、、入間、大臣大
中納言有差別立之、予不見之、候御後之故也、二位中将(藤原経実)、三位侍従(藤原能実)、依非正員不列立、先左大臣西対巽角進立去南溜
五六尺、其南内大臣一列、其次按察大納言以下至于皇后宮権大夫一列、其次参議亦以一
列、各以重行、此間微雨間灑、立定左大臣揖離列、入自軒廊西一間進案西方跪地挿笏、立取

帳中ニ出御

出居侍従道良着座ス

表莒、不加花足、〈花足留案上、〉経案北頭舁西階三刻立、内侍出取莒帰入、大臣以〈如本〉下帰下抜笏左廻加本列揖、左廻経納言前帰着陣、自余諸卿一々退出、予催外記令撤案、二人舁之如初去、此間予承仰々式部丞盛房(藤原)、令置表莒於昼御座置物御厨子内了、内侍執御剱置西置物上、〈刃西柄北、〉其東置璽御莒、東机上置式御莒、〈殿下教内侍令置之給、〉次出御帳中、此間殿下召予被仰云、未得解由者令候列、即出陣仰左大臣、大臣召外記仰之、左大臣以予被奏云、御暦奏可候歟、奏此由之処、仰云、皆可候也、帰出仰此由、大臣以下皆立陣着靴、此間内侍出、右近衛権少将藤原顕実着靴、出自本陣昇自西階、着西廂床子座、大臣以下一々参上、左大臣、内大臣、按察使、民部卿、源大納言、権大納言、右衛門督、左衛門督、皇后宮権大夫、一々着兀子、余諸卿等依無座席徘徊軒廊、二位中将、三位侍従同有此中、雖非正員先々預斯座〈云々〉、異其賀表列儀、参議一人可候座之由被仰下、仍大蔵卿進着座、次出居侍従左馬頭道良(源)朝臣進着座、此間上官参入着座、出居侍従不孺座退出、釆女舁其台盤過南廂第二間之比、次将喚内竪二音、内竪参入、次将仰饌、釆女立御台盤一脚於御前、〈東西妻、〉一脚立小机上、〈南北妻、〉此間造酒司酒器御大盤一脚、釆女伝取立東第二間中央、〈南北妻頗迫南、不敷簟、〉其台盤上南立鳥頸瓶北立酒海、次陪膳釆女留草墪、次内竪立臣下大盤兼置箸匕、四尺三脚、八尺一脚、〈依所狭不立、今一脚、〉此間下器渡、内竪四人取下器朱盤、〈各居朱垸四口、〉受索餅帰渡、次酒番着座、

菜物等ヲ供ス

雖有催未着、次供四種、次臣下四種、次供索餅、次賜臣下、次御箸鳴、次臣下随下箸、次供蚫羹、以件御盤便撤索餅御垸、次供御飯、以件御盤撤鮑羹、殿下仰采女持帰、為房朝臣頻寄(如本)予所、然殿下不必被仰歟、陪膳采女所為歟、次臣下飯、供菜物汁物、進物所供御菜、平盛六坏、窪器物二坏、御件物二坏、皆盛銀器、有蓋、各居中盤供之、抑件進物所御汁物二坏、去年為房朝臣所不供也、依其例去四月旬予申事由不供、但今度供之、屢迷是非、顕実云、故入道(藤原道長)被申云、件内膳御汁物尚可供也者、為房朝臣若伝聞此説歟、然而見故権大夫資(藤原)房旬記、供件御汁物之由不見、次御厨子所高盛八坏、膳(本)物二坏、御汁物二坏、合十二坏盛土器居一盤供之、次賜臣下、次下御箸、次臣下随先立匕、次立箸、次供御酒、次酒番二人起床子座入自西戸勧盃、唱平、次下物下器渡、内竪四人取下器過版位南、付東階内膳、炊交堅塩干鯛堅魚菁茄物等、内竪受之帰渡昇自階、王卿并出居毎物一箸二箸取分了、内竪退出、次供菓子干物、取分下物之間供之、次居臣下盛物菓子、次二献、次将曹一人率近衛開左掖門、南掖門也、

広綱庭中ニ立ツ

闈司一人出自弓場殿方経門前進南庭、須出自脇門也、而自廊進出失也、闈司着版立勅云、令申与、主上自口宣、闈司帰入、次中務輔広綱率陰陽寮舁机脇門参入立庭中、件御暦案去版位南一丈立之、其南去、許丈置頒暦辛櫃、無案、此間中務着版位奏其詞不聞、無勅答、揖称唯退出、闈司二人出自脇門舁御暦案於自版位上、昇自南階立階東間簀子敷上、東西妻、闈司降立南階脇、内侍自御帳東進出、取御暦筥自本路候御帳後、摂政殿被仰云、可持参、西方内侍随仰参帰入、先是臨昏黒主殿寮奉庭燎、闈司昇自南階撤案立本所退出、次少納言成(源)宗率内竪四人、入自日華門立暦案南下、旧例内竪六人也、今度四人、可尋、抑如旧記者、少納言立頒暦南、内竪令舁机退

永承度番奏ノ例

出、〔少納言令舁暦退出〕云々、而今度少納言立案南、内竪二人舁暦櫃退出、蔵人弁来御後談云、永承、延久無此儀者、予答云、少納言進寄者例也、無者失也、永承度依日暮番奏御暦奏被付内侍所、何有此儀乎、次闈司出自脇門着版位立、勅云、令申与、次左少将俊忠(藤原)、右少将能俊(源)、左衛門権佐為房、右衛門尉重房(平)、左兵衛尉兼季(平)、右兵衛佐経忠(藤原)各捧簡出脇門当于版位、左近、左兵衛、左(如本)衛門次第読簡如例、其声分明、但尉兼季俄依隆時(藤原)不参之替召自本座、府忽備此事、依無兼日之支度進退失方点、然而立其間籠有勅答、勅云才介、次闈司二人出自脇門経番奏将佐前立東、一々手伝授闈司、々々各取重三枚舁自東階、自東簀子来立御後、予左右近簡各一枚令奏賚、闈司授内侍於御後障子下、内侍二人取之、進御帳西懸簡頭案、経御覧了返給、件簡授闈司留御後、須給内侍所歟云々、次三献、次臣下三献、今度諸大夫可着座之由、不被仰、近例如此云々、次左大臣起座着于右仗召見参、頃而挿奏杖、外記相随大臣於酉階下取奏立、内侍出取見参自御後覧殿下、経御覧返給内侍、々々給大臣、々々退出於軒廊給少納言云々、此間主上起座、内大臣乍居座称警蹕、兼左大将、内侍執御剱璽如初、頭中将(源雅俊)取式御莒給蔵人、予仰蔵人令取御暦置々物御厨子、今日儀大略如此、不遑具記、

左府右仗ニ見参ヲ召ス

主上起座

為房卿記

二孟旬ノ儀ニ同ジ

署名末尾ノ等言ノコト

左大臣以下着座ス

為房卿記　于時蔵人、弁兼左衛門権佐

寛治二年十一月一日、癸酉、天晴、今日朔旦冬至也、早旦頭弁率僚下奉仕御装束、本定旬出御南殿(藤原季仲)
其儀同二孟旬、二脚台盤立西、陪膳草䔥在東、出居床子。(立)二脚、記文三脚、然又近例如此云々、諸大夫座儲春興宜陽殿壇上、而今日只立酒番床子二脚、不設件座如何、申剋出御南殿、暫御北庇、
御総角絲鞋、女房十人扈従、青色唐衣紫末濃裳、爰聞御出告、左大臣、(源俊房)内大臣、(藤原師通)按察、(藤原)実季、民部卿、(源)経信、権大納言、(源)師忠、(源)雅実、
帥、(藤原)伊房、右衛門督、(源)俊明、左衛門督、(藤原)家忠、皇后宮権大夫、(藤原)公実、大蔵卿、(藤原)長房、別当、(源)俊実、左宰相中
将、(藤原)基忠、右大弁、(藤原)通俊、左大弁、(大江)匡房、等自右仗列立西対前庭、北上東面浅履、大臣一列、大中納言一列、参議一列、二位中将、(藤原経実)三位侍従(藤原能実)不立列、先是
少外記仲信、(惟宗)宗政、(中原)昇賀表案立西軒廊東第一間、巳剋使部昇立弁官床子座前、准温明殿前庭、外記使部二人着袍可昇今日不然、次外記使生一人昇之、立陣座南戸外、白色准敷政門内、二人可昇之作、一々違例也、外記二人昇之、経仗座東庭立之、件表兼日被仰左大弁卿製作、左大臣宣、少納言知家(藤原)書之、紙公卿署兼日以史生盛方(小野)令取之、参議公房卿(藤原)依穢不署、最末参議名下无等言二字、昌泰在之、其外無所見、大唐六典公式不注表儀、准近例不可書、御出以前、以予被執奏、寛弘権大納言(藤原行成)記。(以)不書等言字成其疑、就之一昨日尋先例可被定申之由、以予被宣下左府也、件表莒朴木有花足、縫立面立押青地錦、置桧木案、綵浜椿色、四角有丸緒総、案面押同錦、官厨家勤仕之、正暦記案面押綺者、次掌侍仲子(平)臨西階上、次左大臣臨案下、入自第二間、跪搢笏取函経机北昇階授内侍、不取花足、
還立本列、次内侍持参御前、御覧之後、以蔵人令置御殿置物御厨子、次左府経内大臣後大納言前還入、諸卿次之
着。(仗)座、次外記撤表案加入儀、件案納外記者、次以頭弁季仲朝臣被宣下左大臣未得解由諸大夫并
未起任国司可令候座之由、次出御帳中御座、剱璽置右机、式莒置左机、摂政殿(藤原師実)坐帳中、乾角敷円座為御座、次掌侍惟子(藤原)
臨西檻、次右近少将顕実朝臣(藤原)参上、内府雖被帯大将任近例左府先被昇、仍出居参、先是以予被申定殿下也、次左大臣以下諸卿着座、次
侍従左馬頭道良朝臣(源)着座、次内膳供御台盤、自東階供之、采女伝取立之、次出居召内竪二、々々

参仰可給御飯之由、次陪膳采女留着草鞋、次采女置御酒具立南殿東第二間、御台一脚、立酒海風鳳瓶等、去年立二脚、依天慶記也、然而記文立一脚、又近例皆以一脚者、随近例也、次内竪立臣下台盤、居箸、次内竪四人取下器渡東、先酒番着、次供四種以下器渡也、而左府御次第依故右府(源師房)命被改了也、次酒番着、今日遅参、次供御四種、臣下従之、次采女供索餅、銀器、内竪受索餅還過版位之程供之、給臣下、次御箸鳴、臣下従之、次供鮑羹、銀器撤、索餅不給臣下、次供御飯、臣従、撤索餅、次供進物所御菜、銀器窪坏二、平盛六、汁物二坏也、件汁物去年并去月不供之、任近例不供也、而帥入道資仲(藤原)卿次第不注汁物、就之不供云々、但彼入道注落也、可供之由、有遺訓之旨、顕実朝臣所示也、又申院(白河)之処可供之旨有仰、加之不供之旧記未見明、仍今日令供了、為房(藤原)所奉行也、次供御厨子所御菜、高盛七、平三、汁二以上土器一盤、无阿末加津土器、次臣下菜物汁等、菜物二種、

一献

次御箸鳴、臣従、次一献、采女供之、臣従、酒番勤之、次下物下器渡東、即還給公卿、四盤次第分取、云々、次供菓子干物、八坏居一盤、臣従、二種、次二献、臣従、次御暦奏、其儀近衛開門、将曹近衛各一人、准掖門開中門南戸、闈司可分居、而今日不居出居所行也、可尋、次闈司一人自掖門着版奏、勅答曰、令申与、次闈司還出、次中務省率陰陽寮賚参御暦机并人給暦辛櫃等、中務少輔広綱(源)、丞為綱(橘)、陰陽頭国随(安倍)率官人等賚参、去版南一丈立御暦案、二巻納黒漆莒置同案、其南立人給暦辛櫃、納黒漆辛櫃、殿上新一巻、住古納百廿巻、省寮退出、皆着浅履、可着靴歟、少輔広綱独留去案下就版奏曰、陰陽寮乃供奉礼留御暦進以楽止申、須頗微音、無勅答、小揖退去、次闈司二人入自掖門昇御暦案、昇自南階立南簀子敷東第二間、退降暫候階西掖、次掌侍出自御帳東取函経御帳東西奉摂政殿(藤原師実)、々下取之、便令置西置物机上給、

延久御記ヲ奏ス

延久御記於帳東奏之、即取御令置東机給、次掌侍取函置本机上還入、次闈司昇自南階昇案立本所還去、次少納言成宗(源)率内竪就版、令昇[redacted]御暦案并人給櫃等退出、近代内竪直令昇出者、

六府ノ佐判官ラ簡ヲ取ル

於門外頒須預イ本定諸司、又可閉門、而近代無其儀、次六府番奏、仍先近衛開門、次闈司一人就
版奏、勅答、令申与、次闈司還出、次六府佐判官等各取簡、左近少将(藤原)俊忠、右少将(源)能俊、左衛門権佐為房、右尉(平)重房、左兵衛尉(平)兼季、右佐(藤原)経忠等
入自掖門、当版坤去三許尺第一人立留、次第東上北面列立、但六位在列後去一許丈、各小揖立定、五位着靴帯剱笏、六位帯弓箭丨鞋等、就版各奏、依上番以左奏、十六日以下有旬之時、右奏下番也、左近奏後予奏之、左右乃
勅負司左申久霜月乃上以番尓仕へマツル可支伴乃名付介乃簡進止申爪、其声及御座、左兵衛府不奏、勅曰、置介、同音称唯、爰闈司二人入自掖門取簡、先予簡渡右
将、々々渡左将、次左兵衛簡予取之、次第伝之、左将三枚取重天渡闈司一人、次右近右衛門右兵衛等簡右将伝取天重天、又渡闈司一人如日記等者、次第伝取者、不分左右歟、但近代如此、到南殿巽角之間将佐
等退去、予一揖右廻退入、自余人々不揖、左廻退出、不知故実歟、立版之人左有陣之時ハ左廻出、右有陣之時ハ右顧也、闈司取簡経殿東庇自御後付内侍、々々二
人取之、参御帳西方懸簡於置物机、右、即持帰授闈司了、闈司可経御帳東障子也、又於御帳東方先々所覧也、今度於西覧之、執柄御座依在乾方歟次
三献、臣下従、次置御箸、臣従、取笏、次左大臣起座、取見参文於御帳東屏風下授内
侍、々々奏覧、殿下覧也、返給授大臣、々々退下給少納言、次還昇復座、次宸儀(堀河天皇)入御、内大臣警蹕、
依帯大将也、無撤饌之儀、

賀表不載等言之二字昌泰表有之、折立青地錦正暦用唐倚、立御台盤一脚、近年度々只用一脚、出店床子立二脚、記文立三脚、二脚又近例也、左大臣先昇大臣大将後昇、是又近例也、

時範記

寛治二年十一月一日、癸酉、午剋殿下(藤原師実)令参内給、今日依朔旦冬至也、申剋出御南殿、内
侍二人候御剱璽、女房八人扈従、各着平剱子目染裳等、蔵人候式御莒、先是少外記惟宗仲信、中原宗政

諸卿右仗ヨリ参進シ東台ニ列立ス

左府以下仗座ヨリ参上着座

舁安表函案、賀表左大弁匡房(大江)卿作之、朝綱(大江)輔等例也、少納言知家(藤原)書之、朴木莒在牙上、莒中有折立、居下机安高机上、入自西中門立西軒廊東第一間退帰、次左大臣(源俊房)、内大臣(藤原師通)、按察使藤原朝臣(実季)、民部卿源朝臣(経信)、権大納言源朝臣、雅(雅実)、右衛門督源朝臣(俊明)、左衛門督藤原朝臣(家忠)、皇后宮権大夫藤原朝臣(公実)、大蔵卿藤原朝臣(長房)、左近中将藤原朝臣、基(基忠)、右大弁藤原朝臣(通俊)、左大弁大江朝臣、各着浅履出自右仗参進列立東台、謂中殿、南殿、庭敷本、大臣一列、参議一列、已上北上東面、次左大臣進到軒廊、内侍臨西檻、大臣就案下挿笏取表莒、不取下机、自案北進西階授内侍退復本列、次大臣以下引還右仗座、次外記撤案、次宸儀出御帳中、右机安御剱璽左机、式御莒、次内侍臨西檻、右近衛少将顕実(藤原)朝臣着靴出自本陣着床子、南、次左大臣以下散三位、右近中将経実(藤原)、二〔三カ〕位侍従能実(藤原)、以上着靴出自仗座参上着座、次侍従左馬頭道良(源)朝臣入自西中門参上着座、北、次内膳官人以下八人、舁御台盤二脚出自東幔門就東階供之、取覆、采女舁之、過東第二間之間召内竪、二音、唯参上、出居将仰云、大夫達御飯給へ、采女立定御台盤、陪膳采女留着草墪、次内竪立臣下盤、予居着匕等、次内竪四人取下器東渡、於東幔外受索餅、次供四種、四坏有蓋擎子、次賜臣下、次下器内竪帰過版位巽角之間、采女供索餅、次給臣下、次御箸鳴臣応之、次蚫御羹、便撤索餅垸、次供御飯、賜臣下飯、撤索餅、次供内膳司御菜汁物等、窪坏物二坏、平盛六坏、汁物二坏、各中盤有蓋、前例近代不供汁物、然而今度供之、次供御厨子所御菜汁物、高盛七坏、平盛三坏、御汁物二坏、居一盤、無空土器、次賜臣下菜物汁物等、次御箸下、此間酒番着座、不供御四種以前可着歟、臣従之、次供御酒、有蓋、復居御盞、酒番賜臣、次下物下器、

広綱ラ版位ノ南ニ立ツ

内豎東渡就東階下受下物、炊交一坏、堅塩一枚、焼叩鯛堅魚一枚、青菜一枚、已上毎盤敷紙分也、次下器、内豎直就西階昇殿到群卿前分取之間、供御厨子所菓子干物、菓子四坏、干物四坏、居一盤、次給臣下、次二献、給臣下、次右近将曹、褐衣、開左掖門代、西中門南、、、、次闈司入自同門就版奏勅答令申与、闈司退入、次中務少輔広綱(源)并丞

率陰陽寮暦博士、舁御暦案并人給辛櫃等、入自同門立版位南、去一許丈人給櫃立其南、輔広綱独留進就版奏云々、無勅答退入、次闈司二人出自同門参進、舁御暦案昇自南階立南庇東第三間簀子、闈司退下暫候階下、次内侍進出取御暦莒、経御帳東北奏摂政(藤原師実)、殿下御帳乾角如例、先内侍開莒取御暦、覧了令置左置物机給、次内侍取空莒自本路進出置案上、次闈司参上、舁案立本所退入、次少納言成宗(源)率内豎、入自西中門舁案并櫃等退出、次闈司奏勅答、令申与、闈司退入、

堂上供燈

此間堂上供燈、堂下挙炬、次左近衛少将俊忠(藤原)、右近衛少将能俊(源)、左衛門権佐為房(藤原)、右衛門尉平重房、左兵衛尉平兼季、右兵衛佐経忠(藤原)等、五位着靴、六位帯弓箭着糸鞋、各取簡入自同門就版云々、依上番左府奏之、勅答、置介、唯、闈司二人出自弓場殿取簡、次六府退入、闈司昇自東階経東北廂

六府退入

参上付、内侍伝取簡、次六府退入、闈司昇自東階経東北廂参付、内侍伝取奏聞、了返給、内侍二人取左右近各一枚、次三献給臣下、次左大臣退下於右仗、見々参禄目録、了令持外記参上、於軒廊取之、昇自西階参上、内侍摂政覧了返給、大臣降殿召少納言成宗給見参文、不召弁被存省略也、次上卿退下、次入御、出居将称警、次還御本殿、供夕膳、

如本 時範歟

季仲ヲシテ左府ニ恩赦ノ事ヲ仰ス

寛治二年十一月廿日、壬辰、天晴、今日節会也、未剋参内、申剋以蔵人頭左中弁季仲朝臣被仰恩赦事於左大臣、次以同人令奏詔書草、次被奏清書、次以蔵人権左少弁為房、被仰大内記在良(菅原)可叙正五位下由於左大臣、次左大臣以頭弁(被)。奏外任奏、酉剋宸儀出御南殿、内侍二人候御剱璽、女房八人扈従、已上着簪、纐纈、泥絵、唐衣、裙帯、、蔵人候式御莒并位記莒等、次蔵人安位記莒於大臣座台盤南頭、次内侍取下名臨西檻、内弁左大臣参進於西階下給之、退帰、着宜陽殿代兀子、次召内竪、二音、内竪参進、内弁宣、式部兵部召ォ、内竪退出、次式部丞

説家ト知実参上ス

橘説家、兵部丞藤原知実参上、各給下名退出、次内弁復仗座、次左右近仗陣階下、次宸儀出御帳中、近仗称警、内侍安剱璽於右机、蔵人安式御莒於左机、次内弁驚警声、着兀子、

次内侍召人、出自西屏風頭、臨西檻、次内弁謝座昇自西階着座、次右大臣(源顕房)以下着外弁、次近衛開門、次闈司二人出自射場殿、分居西中門左右草墪、次掃部寮立位記案於舞台前東西、式部在東、兵部在西、但式部立二脚、依有上階也、而今度先以立之、次内弁降殿立軒廊、大内記在良取宣命杖奉於内弁、々々取杖昇殿、進西屏風南頭付内侍、々々取宣命覧摂政(藤原師実)、了内侍返授内弁、々々降殿返杖於内記、還昇復座、次内弁召内竪、二音、内竪唯参、内弁宣、式兵召セ、次式部輔代。(一人、丞代二人、兵部輔代一人、丞代一人参昇殿取位記莒一合退下、

参進、内弁召式部輔代
授丞代還昇、又給一合退下、授丞代。而立、次召兵部輔代、参昇殿取位記莒退下授丞代、両省一度置案上、而退下歟、次内弁召舎人、二音、大舎人
於承明門外
称唯、少納言公衡（藤原）、小忌、替参着版位、内弁宣、刀祢召セ、公衡称唯、伝召、次左衛門督、
左大弁、已上小忌、右大臣、内大臣、民部卿、源大納言、権大納言、右衛門督、左宰相中将、右
大弁、。新宰相中将（藤原保実）新宰相（藤原公定）、二位中将、三位侍従、入自西中門参進立標、諸仗。共立、次内弁宣、公卿謝

式兵輔叙人ヲ率参ス

座、次造酒正親業（藤原）授空盞於左衛門督、謝酒了昇殿着座、諸仗居、次二省輔以下率叙人列入
立標、諸仗立、次内弁召右衛門督給宣命、々々使復座、内弁已下、小忌為先、下殿列立、北上東面、宣命使離
列進就宣命版、宣制両段、諸卿毎段再拝、次宣命使復、公卿復座、次二省輔召給位記、先式部大
輔在業朝臣唱之、次少輔在良唱之、。次兵部輔代唱之、叙人給位記了、文武一度拝舞退出、先是二省退出、丞取莒、掃部撤案、次内弁以下降殿列
立拝舞、諸仗不立、公卿復座、次釆女撤御台盤帊、以御盤二枚撤之、内膳於階受之、次陪膳釆女留着草墪、次釆女令史
取杖前行、警立版、内膳奉膳以下八人擎御膳八坏、御四種、飩、索餅、餲餬、桂心等皆盛銀器、毎坏居中盤、在蓋、次給臣下粉熟、
大膳給之、次御箸鳴、臣下応之、次供鮑御羹、盛銀器、居中盤、有蓋、便撤索餅御垸、次供御飯、便撤餛飩垸、次供進物所菜汁
物、窪坏二、高盛三、平盛三、汁物二坏、列居盤、有蓋、皆用銀器、次供御厨子所御菜汁物、高盛八、焼物二、汁物二、皆盛土器、居二盤供之、或居一盤、次給臣下飯菜汁

黒御酒ヲ供ス

物、次御箸下、臣下応之、次供黒御酒、八度用土器、有尻居、次給臣下、次供白御酒、八度、給臣下、
已上拍手、飲之、次一献、用銀器、在蓋、後居、給臣下、酒番給之、唱平々、次吉野国栖於西中門外、発哥笛、次二献、酒番勧
臣下、次内弁起座奏後、召左宰相中将、、、、、、檻召之、退復座、次三献、給群臣、次

内弁以下降殿拝舞ス

大哥別当源大納言起座、降殿出西中門、次大哥参進、別当立門内、次内弁奏、了召新宰相、仰可召大歌別当由、次相公臨南檻召之、即下自西階令近衛官人告召由、次源大納言参上着座、如出儀、掃部移立床子於舞台北頭、次大哥参上、就床子、発歌笛、次下小忌台盤、次舞姫出列立南庇、主殿女官四人秉燭照舞、々了舞姫退入、不可退出、次内弁已下降殿拝舞、次内弁降殿、向右仗見参目録帰参、取杖昇自西階参進、付内侍奏之、即以返給内弁、、、降殿給杖於外記復座、召左宰相中将給宣命、々々使復座、次召右大弁給見参、大弁降殿、次内弁以下降立、宣命使就版宣制一段、又一段、宣命使昇復座、次内弁以下昇復座、次宸儀入御、大将称蹕、次公卿退出、

外記ノ私日記カ

外記

嘉承二年十一月三日、甲寅、左大臣（源俊房）以下参入、有御即位定、次諸卿参加、有朔日朔旦日蝕不現賀表事、匡房（大江）卿依殿下（藤原忠実）仰作之、予仰之、即被献左府、々々給料紙、以右少史中原定政清書、依無能書史生也、但件表端載殿下御名、奥御暑（署）者、左大臣下、又先給殿下御判了、

大外記師遠記

大外記師遠記

御即位行事ヲ始メラル

公卿加判

嘉承二年十一月三日、甲寅、天晴、晩頭左大臣(源俊房)、参議源重資朝臣、已上卿相着吉服給也、参着仗座、被奏伊勢奉幣日時、今月七日戊午、時午二点、陰陽寮、(賀茂)光平、(安倍)泰長、(賀茂)家栄、所撰申也、以蔵人頭内蔵頭為房(藤原)朝臣奏聞之後、召右中弁藤原顕隆下給之、又大祓日時、同日辰二点、弁進覧大臣之後、即下給同弁、次召大内記(藤原)敦光朝臣被仰宣命事、次被定申御即位擬侍従等事、大臣召予被仰可進文書之由、予退出、入旧定文歴名帳於莒、進大臣、外記、(卜部)兼弘、持御硯置宰相前、入続紙、陰陽寮勘申日時、来十二月一日壬午、時申二点、日時并定文等奏聞之後、下給左中弁藤原長忠朝臣了、今日、戌二点、被始御即位行事等、以官朝所為行事、左中弁長忠朝臣以下史等参入、次権中納言藤原宗通卿、同能実卿、同仲実卿、同(マヽ)(源)顕通卿、源基綱卿、参議藤原忠教卿、源顕雅、同重資朝臣、藤原顕実朝臣参着同座、被奏賀表、依朔旦冬至日蝕不現之嘉瑞也、其儀、権少外記卜部兼弘令持御表於史生中原久重、挿文杖加礼紙、参摂政殿下(藤原忠実)御直廬、令給御判之後、外記二人、(佐伯)義資、兼弘、持賀表莒、更入覧莒取礼紙、并御硯等、進膝突座給、左大臣御判之後、歴参議後自納言之外昇、参仗座、奉置表莒御硯等、於内座第一人前、宗通卿、外記等退出、次第公卿令加判給了、最末宰相、顕宗、実歟、召外記令撤表莒硯等、外記給之加表、更加礼紙、入案上莒中、件案厨家令作進之案一脚、塗胡粉、面押練白絹、花足一枚、以同木作之、次同色面尓押之案、四方垂白丸緒也、先使部二人舁之、立歟、本定、弁官床子前令納表之後、史生二人、宗重、久重、立宣仁門前、次外記二人、義資、兼弘、舁表案、入自宣仁門経小庭、立東対坤角階前、南北為妻、次大臣以下起座渡小庭、列立東辺、一列大臣、一〔列脱カ〕納言、一列参議、北上西面、立定之後、大臣進案下挿笏取表莒、歩寄檻前、付内侍奏聞、了之後大臣以下還着本座、次外記舁案出本路、次大臣以下退出、

首書云、今日左大臣、左大弁（源重資）、蔵人頭為房朝臣、左中弁長忠、右中弁顕隆、大内記

。━敦光、陰陽寮、大夫史（小槻盛仲）、予着吉服、依可奉行奉幣并御即位事

。━等也、自余公卿已下不着吉服、

件案。（莒）等、依為諒闇内事、々省略也、内々大夫史令取摂政殿御気色仰之云々、

今日賀表中被載摂政殿下御名、於御署者更書、左大臣下了、御判事、又先給殿下御署之後、給左府御判、

諒闇内賀表、依嘉祥例也、又日蝕不見之時、被奏賀表之例、貞元二年十二月也、今朝予依召参摂政殿下、為御使参帥（大江匡房）里第、可被献賀表之由、予入莒持参之次、以予被献左府殿、々々々下給予、仰云、以能書史生可令清書、大臣給料紙参陣、右少史中原定政清書、史生之内、依無能書也、

賀表案事、

案上置花足、々々上置表莒也、花足表莒等、案上横置也、

嘉承二年十一月三日

或記云、被奏賀表之間、摂政殿(藤原忠実)令着心喪束帯給云々、

正暦、道隆(藤原)為関白、右大臣重信(源)雖為関白上臈、然而注臣道隆、無平座之儀、愚案、所及尚可設饌歟、

敦光記

朔旦表ノコトヲ院ニ申ス

敦光記

嘉承二年十一月一日、壬子、今日朔旦冬至也、依日蝕并諒闇賀表延引、

三日、甲寅、大外記(中原師遠)送使部云、今日着吉服可参陣者、酉刻参陣、頭(藤原為房)招予示曰、朔旦表必書執政御名歟、将又可依位階歟、代々之例可注申者、即引見代々例注申、貞観二年以後、上首之人皆書執政之御名、其中元慶三年賀表書昭宣(藤原基経)御名、彼時源原(如本)(河カ)大臣(源融)為位階上臈、正暦四年賀表、町尻関白(藤原道兼)御名、六条右大臣重(信カ)服、為本位上臈、頭被申此旨於執政(藤原忠実)、又被申院(白河上皇)矣、帰来之後、仰大外記云、表文書摂政(藤原忠実)御名、年号奥以左府(源俊房)可為上臈者、件賀表、議定之間、且令左(右カ)少史中原定政清書之、件表、或云、令能書人書之、或云、外記史中能書人可書之者、定政身為官史芸堪能書、旁有其謂之、書了、外記入覧莒、持参摂政御直廬給、御判之後引懸紙、少外記佐伯義資持来覧莒、権少外記卜部兼弘持硯莒、両人相具入自宣仁門、義資着膝突献賀表硯等、左府加判給、了返給之、両外記昇奥座、次第給署判了、於腋陣入厚朴函、有花足、置案上、件案旧記木作(如本)、木伝聞准用檜木云々、函并机案面敷白無文練絹、以

左大臣ラ小庭ニ列立ス

白糸為総云々、先例用錦、今度依諒闇存倹約、旧記云、件案等造書司所作之、厨家設具、縫腋外記使部二人立案於敷政門外、次外記史生安倍宗重、(中原)、、久重等舁之、立宣仁門内、以南北為妻歟、次外記義資、兼弘舁之立陣座前小庭、頗寄北立之、依上卿仰、立東対西階坤角辺、左大臣以下起座列立小庭、西面北上、大臣一列、左府、中納言一列、左衛門督源卿(雅俊)、右衛門督藤原卿(宗通)、左兵衛督(藤原能実)、、、権中納言藤原卿(仲実)、仲、権中納言源卿(顕通)、顕、権中納言藤原卿(宗忠)、宗、権中納言源卿(基綱)、基、参議一列、左近中将藤原卿忠教、右近中将源卿(顕雅)顕、左大弁源朝臣(重資)重、参議源朝臣(マヽ)重、参議藤原朝臣(顕実)顕、旧例着靴、今日着浅履、依無宴会也、

諒闇ニヨリ旬儀ナシ

旧記[redacted]云、。(大臣出)自第二間西柱辺、依当座間也、大納言出自同間東柱辺、中納言出自第三間西柱、参議出自同間東度其路、多以違乱、入夜被省略歟、列立了、内侍臨檻、肥後内侍高階公子、上卿進案下、搢笏跪取表函、不加花足、跪于階授内侍、旧記云、昇二三級懸膝云々、経列前帰本座、納言、同経列前着本座、各、、、今日為御即位前、已上依諒闇無旬儀、無御出之例、昌泰元年、寛弘九年、諒闇之後、未出南殿也、

今日着吉服人、

左府、左大弁、頭修理権大夫(藤原為房)、右中弁(藤原顕隆)、大外記、大夫史(小槻盛仲)、予、外記義資、兼弘、蔵人長隆(藤原)

已上、依奉伊勢奉幣事、着吉服、自余皆以巻纓、

外記記

外記記

朔旦賀表ノ作進ヲ仰ス

大治元年閏十月十四日、乙亥、去夕、右大臣(藤原家忠)召式部大輔敦光(藤原)朝臣於里第、被仰可作進朔旦賀表之由云々、頭弁(源)雅兼、内々奉仰中大臣云々、

廿八日、己丑、敦光朝臣献朔旦賀表於右大臣、大臣以頭弁雅兼、被献殿下(藤原忠通)、々々付同弁被奏院(白河法皇)之後、返給右府殿、次大臣召師遠(中原)下給之、以権右中弁顕頼(藤原)朝臣可令清書者、相副料紙給之、

廿九日、権弁被送清書賀表、即以六位外記(大江)高行、献殿下給御判、次以史生給大臣以下御判、

用書杖加礼紙、

十一月一日、壬辰、朔旦冬至也、仍有旬事、右大臣、内大臣(源有仁)以下参入、

朔旦叙位

廿二日、癸丑、是日於摂政(藤原忠通)直廬被行朔旦叙位、今日雖凶会日、依昌泰延喜例被行之、明日依公家御衰日不被行之、左大弁為隆(藤原)執筆、被加行男叙位、従四位下藤原行盛、策、正五位下中原師安、助教、従五位下和気成世、氏、

師遠歟カ

師遠歟
、、

大治元年十一月一日、壬辰、天晴、朔旦冬至也、仍有旬事、午刻右大臣(藤原家忠)、内大臣(源有仁)、大納言藤原経実卿、能実(藤原)卿、権大納言同宗忠卿、源能俊卿、藤原忠教卿、中納言源顕雅卿、権中納言藤原実行卿、同実能卿、参議同宗輔卿、従三位同長実卿、同経忠卿、参議源師

天皇南殿ニ出御ス

時朝臣、藤原為隆朝臣、同伊通朝臣参着仗座、先左〔右カ〕大臣召大外記中原朝臣師遠被問所司参否、申皆参由退出、次召師遠仰云、御番奏見参令候与、称唯退出、此間縫腋使部二人舁賀表案、立上官床子前壇下、南北為妻、件案莒等、兼日依上宣厨家造進之、次召師遠仰云、未得解由者并未赴任国司等令候座与、次外記、史生二人、佐伯成則、安部〔倍〕、、舁件案、立敷政門国内〔マヽ〕、去東三尺、南北為妻、次外記二人、少外記大江高行、権少外記清原俊資、舁同案入自宣仁門、経宜陽殿壇上、降自石橋出小庭、入自軒廊東第一間、立同廊西第一間、南北為妻、表莒以西為上、退出之路同前、次大臣以下起座列立陣前小庭、大臣一列、納言一列、参議一列、已上西面、用浅沓、散三位不加列、已上注、立定之後、右大臣進案下、取表莒進東階、授内侍令奏、復本列之後、諸卿還着仗座、次外記二人経前路舁案退出、立本所、次史生二人舁之、立本所、使部二人撤之、納本局、、刻天皇（崇徳天皇）出御南殿、摂政左大臣（藤原忠通）祇候御後、諸卿起座、着靴、列立前、内侍臨檻召人、右大臣以下諸卿昇自東階着座、次出居蔵人頭右近権中将藤原忠宗朝臣、侍従散位源顕重朝臣入自日華門、昇自同階着座、此間少納言藤忠成、源忠宗、大外記師遠、左大史小槻政重并六位外記史等入宣仁門着階下座、于時気和雪降、朔旦冬至之日、以降雪為佳瑞之由、古人為口実云々、次出居次将召内竪、二音、内竪四人於日花門外同音称唯、内竪頭代主殿允伴成道入自日花門、立桜樹東頭、次将仰云、御飯給へ〔称脱カ〕、唯退出、即内竪等舁台盤立殿上、所司居物、内膳進物所等、供御膳、西階、次内竪四人持下器渡西、受粉熟成分他器、羞諸卿、此間酒番侍従四人、内蔵助橘基政、雅楽頭同元輔、散位同清仲、左馬助(藤原重実)、、、、入自日花門着宜陽殿床子座、次一献、侍従二人依召昇自東階、取盃并瓶羞諸卿、二献之後、左近府生清原助安率近衛二人、開左腋門、圍司二人着門外床子、即一人参入、着版奏御暦由、有勅答帰出、中務少輔藤原経雅、少丞平邦隆率陰陽寮参上、頭家栄(賀茂)、助宗憲(賀茂)、守憲(賀茂)、権暦博士保栄(賀茂)等舁御暦案、少允大中臣兼俊、少属惟宗忠成舁頒暦辛櫃、今度件辛櫃置足漆[脱アルカ]案、可尋可否、入自左腋門立版南、御暦案之後ーーー、頒暦案者御暦案南一丈立之、立定之後、陰陽寮退出、輔独留版位奏御暦由、无勅答退出、次圍司二人入自左腋門舁御暦案、昇自南階立殿簀子敷退下、暫候階西辺、内侍取御暦奏、了圍司昇自同階舁立本所退出、次少納言藤原朝臣忠成率内竪六人入自日華門、令舁御暦案并頒暦辛櫃等、四人舁御暦案、二人舁分[頒]暦櫃、退出、次圍司一人入自左腋門、就版奏番奏候由、有勅答、圍司退出、次左近少将藤原教長、右近少将忠基(藤原)、左衛門佐同信輔、右衛門権佐平実親、左兵衛佐藤原家成、右兵衛佐同公行、已上着靴、各持牘、入自左腋門列立版南、西上北面、互奏如恒、有勅、次圍司二人入自同門立、諸卿、諸衛伝取牘授圍司、各持三枚、諸衛退、次圍司昇自西階、付内侍退出、三献之後、右大臣降殿着仗座、大外記高橋定政挿五位以上見参於書杖覧大臣、、、覧了退給、外記、、乍候膝突如元挿文杖、大臣於東階下取見参、昇殿奏之、奏覧之後、給見参、外記給見参、又挿書状、大臣降殿着仗座、外記奉見

互奏恒ノ如シ

参、取空杖退出、次召少納言源忠宗給見参、少納言於庭中可唱見参、近代無此儀、直退出、次天皇入御、諸卿退下而⑹秉燭以前事了、
公卿以下退出、

敦光記

敦光記

大治元年閏十月廿六日、丁亥、未刻、着衣冠持参賀表於右相府（藤原家忠）、暫障子上以侍人申案内、右中弁（源師俊）参会、応召奉覧賀表草、無礼紙、檀紙二枚、、、虫損、不書公卿位署、有十一月一日字、先例、如此草不入日、、、、、但於此表不可有他日、仍所書一日字也、右府被座前披之、予読之、右府奏之、予退座被示云、早久、仍退出了、

永実逝去

右府御舎弟法印永実、今月十五日逝去、昨日除服、出仕給云々、

諸衛番奏

十一月一日、壬辰、旬儀、右大臣以下参内、献賀表、出仕頭中将左（右カ）（藤原忠宗）、侍従散位顕重（源）朝臣、諸衛番奏、左近少将藤原経定、本定右近少将（藤原）忠基、左衛門佐（藤原）信輔、右衛門権佐（平）実親、左兵衛佐家｜（成）、右兵衛佐（藤原）公行云々、伝聞、件表、右中弁兼日書之、外記持参公卿里第、取其判、不論次第、或又於陣座取判、白色紙、有礼紙一枚、表函用厚朴、以青地錦押裏、有案、当日外記使部二人舁立敷政門前、次外記史生二人舁立宣仁門外、次外記二人舁立南殿東檻下、右大臣以下出自陣座異位、重行立軒廊以北、南上西面、内侍倚東檻、大臣取表函昇階授内侍、不加台之、自余見別日記、

叙位儀

廿二日、癸丑、叙位議〔儀カ〕、今日凶会、但依先例被行之、策家明経等漏其恩、就中策家不叙之事、全無例、

廿五日、丙辰、節会、有恩詔、

廿七日、戊午、女叙位之次、策家人行盛(藤原)朝臣、叙四品了、

中右記

中右記

大治元年十一月一日、壬辰、五墓、大歳、月徳、天陰雨不下、依朔旦冬至有旬、仍巳時

内府有仁ラ早参ス

許相具中将(藤原宗能)参内、内大臣(源有仁)以下上達部四五人被早参、予(藤原宗忠)於陣辺招外記師遠(中原)問云、賀表未加判、若於仗座人々可被判之儀歟、如何、師遠答云、昨日早旦権右中弁顕頼(藤原)於里第依仰被清書了、其後給外記史生、可申人々御判由下知之処、未持来太奇恠也、則史生乞表判、少外記染筆持来、被見之処、近代廿人、上達部五六人未加判、予加名二字了、大略次第

午時人々参集

不同取判歟、午時許、右大臣(藤原家忠)被参、人々多進参集、右府着端座、召官人令敷膝突、召大外記師遠被問諸司参否、申皆参之由、又召右中弁師俊(源)被問御装束事、召頭弁雅兼(源)被奏云、

主上南殿ニ渡御ス

今日諸司奏、何様可候哉、頭弁云、只今主上(崇徳)渡御南殿、于時未、、初也、此間外記史生二人舁表案立敷政門代東庭、則仰史生舁入敷政門内退、外記二人(大江高行、清原俊資)、舁表案、入

右大臣離列

主上帳中ニ出御ス

従敷政門経宜陽殿壇上南門、下従石橋、入従南廊東一間西行、立西一間、抜笏従本路帰
入、西一間中央南北行立案、表函其上東西行置之、右大臣、家忠、正二位左大将、出従陣座西三間西柱東辺、従小庭頗西行立、当仗座二間、
内大臣、有仁、右大将、従奥座経参議座後、出従三間、与右府同、立右府南辺、按察大納言、(藤原)経実、皇后宮大
夫、(藤原)能実、(宗忠)下官、治部卿、(源)能俊、民部卿、(藤原)忠教、已上大納言、出同三間東柱西辺、源中納言、(源)顕雅、右衛門督、(藤原)実行、別当、左
兵衛督、(藤原)実能、已上中納言、出従四間西柱辺、左宰相中将、(藤原)宗輔、右宰相中将、(源)師時、左大弁、(藤原)為隆、右兵衛督、(藤原)伊通、出従同四間東柱辺、
已下注大臣一列、大中納言一列、依人数多頗列巽方、参議一列、此土御門烏丸皇居、南殿陣座、宜陽殿春興殿等作、只同大内、但無承明門、以東中門擬
之、陣二間一位大臣可出入也、仍今日不用其間、又五間作合也、又人不出入、今日頗立登案二間柱立之条、或人有難気、是一位大臣可立也、只当°(本)座間可立也者、此事可尋先例也、是非不知故也、大弐(藤原)長実、左京大夫
(藤原)経忠雖参入、依為散三位不立此列也、右大臣揖離列、入自軒廊西二間之間、内侍出居東
階上、右府跪(如本)表案東頭、指笏立取表函、不取花足、経案北登西階三重、先右足頗失也、可先左足也、頗跪授内侍、
抜笏下従階、出従軒廊本間、経中納言列前三(立歟)本所揖帰入仗座、復本座、人々次第経本路
復本座、立座居座之°(時)、人々如三間被進退、如本頭弁来膝突仰云、御暦奏番奏見参許可候、自余事不可有、又未得
解由輩可令候座、右大臣召大外記仰々件旨了、
天皇出御于帳中、東机上置璽剱也、御帳東西隔一間立御屏風一帖、右府以下起座、於陣後各着靴、内侍臨東檻召人、右
大臣以下経宜陽殿壇上軒廊、従南簀子敷立座前、揖居座、南庇東一二°(三)間立兀子長床子二脚、左大弁、大弐、左京大夫依無座退出歟、被撤長
床子一脚、出居蔵日花門代、東中門也、経軒廊二間着東庇座、従床子前進寄立前、一揖居之、(源)顕重従出居後居座、内膳官

皇后宮大夫ラ所労ニヨリテ退出ス

御暦案

人入従月華門付西階、不警蹕、授采女等舁御大盤二脚、過二間之北出居、召内竪二声、内竪一人来立桜樹東頭、可立即也、出居仰云、御飯給へ、頗微音不聞、人々示之、内竪立臣下台盤之間、采女等南庇二間立酒器大盤南北行、其上立鳳瓶子酒海、四尺四脚、八尺一脚立之間、頗不足、人々云、可立加四脚、一脚之由被示、仍立加八尺上、又四尺一脚立出居、示四尺、合六脚也、各置箸匕、酒番侍従着座、宜陽殿西庇、上官着階下座、即居饗、采女供御四種、采女四人各御盤上居、一盃持参、蔵人左少弁左（右）衛門権佐実親行事、而帯剱如何、居臣下四種、出居中将常下立軒廊、毎度令催、次下器渡、内竪四人入従日華門、経版位南渡西、出月花（平）門外、西中門也、受索餅帰渡之間、供索餅給臣下、右府尋居了由、執笏気色、毎度如此、最末人殊不申上也、本出居申上歟、御箸鳴、臣下従之、采女供鮑羹、不給臣下、此次撤索餅、供御飯、給臣下、進物所御菜御厨子御菜、給臣下、御箸下、臣下従之、此間皇后宮大夫、治部卿、両大納言依有所労窃被退出、供一献、給臣下、主上暫入御、右府警蹕、頃而又出御、下器渡々給、粽堅魚堅塩若菜蔓等以上分散、粽以是故実也、供干物菓子等、給臣下、供二献給臣下、近衛開左掖門、府生一人、近衛二人、闈司着宜陽殿侍従座、被追入闈司一人版、入従左掖門、如本勅答、令申与、雖幼主御群臣各有感歎気、闈司帰入之後、中務少輔藤経雅、少丞平邦隆前行、陰陽頭家栄（賀茂）、助宗憲（賀茂）等四人舁御暦案、又人給暦案四人舁之立版位、陰陽寮帰入其南、如本民部卿寮御暦案二人可舁也、今日四人舁如何、又給暦唐櫃也、今日有案如何、以四人、、、、、件唐櫃可舁也歟、今日二人舁之如何、陰陽頭家栄後日云、人給暦唐櫃置案上延久例也、此事予不案、可尋旧記也、少輔奏之詞不問、無勅答帰入了、

殿下御暦二巻ヲ取リ給フ

今日飛雪紛々

次侍従春興殿床子座ニ着スベキガ不着

主上早々ニ入御ス

闈司二人従左腋門、舁御暦案、登自南階西辺、立簀子敷西三南檻下了、采女下従南階立階西辺、内侍出来出従母屋西二間倚案下取御暦函、経御帳後従東辺進寄、開函蓋進之、殿下取御暦二巻給、不取給表紙、只取御暦二巻給、令進主上給、主上舁《如本》之令置西机上御、内侍掩莒蓋、従本路出簀子置案上帰入本、闈司二人登従南階、舁下案立庭中、退帰左腋門了、少納言忠能(藤原)率内竪六人、入自日花門令舁案帰出了、不閉門也、又闈司出来、勅《如本》答了帰入、今日飛雪紛々、不及庭湿、則晴、六府取札、入従左腋門列立版位南、西上北面、左少将教長(藤原)、蔵人右少将忠基(藤原)、左衛門佐信輔(藤原)、蔵人右少弁右衛門権佐実親、左兵衛佐家成(藤原)、右兵衛佐公行(藤原)、左佐音微音不聞、先々其声所聞御所也、勅答了、闈司二人入従左腋門、列立左次将上、左少将取札三枚、授闈司、又授闈司、次又以三枚授闈司、次将左廻退出、闈司至橘樹下可退也、今日早退出、闈司二人登従西階、入自妻戸過母屋西一間、入。《自》西障子戸経御後、授内侍、々々取之、出御後障子戸、取左近一枚進寄御帳東辺、寄懸札、覧了取帰入、又内侍一人取右。《近》札如初、帰入了、従御帳方出也、外御札不奏、次供三献、給臣下、此間次侍従可着春興殿床子座、而今日不着、先例必不着云々、外記進見参取之参上付、御屏風東辺付、内侍奏覧付、近代例不被奏目録、摂政(藤原忠通)返給大臣、々々於仗座被下之間、早々主上入御、内大臣称警蹕、諸卿退下、秉燭以前也、先々諸卿退之後、入御也、

昨日外記史生不取終公卿判、今日参内、次人々多加判、治部卿遅参之間、不加判立列、
頗以為奇、予密々令覚悟、而不被加判何為哉、

出居勤仕

出居ハ猶左中将可勤仕歟、可依仗座歟、頭中将（藤原忠宗）已右次将也、然而依院宣勤仕之、
今日主上御出之間、雖非職事中将宗能、少将経定（藤原）付内侍也、是依早参也、酒番侍従中左
馬助、重実（藤原）、帯剱昇殿勤役如何、先例可尋歟、後日大外記云、不解剱直昇殿不存知也、

内蔵助橘基政
雅楽頭同元輔
散位同清仲
左馬助藤原重実

諸卿仗座ニ朔旦賀表ノ加判

先日殿下被仰云、朔旦賀表於仗座公卿加判、我着仗座欲加判、如何、是後一条院御元服

行成大納言記

賀表時、宇治殿（藤原頼通）摂政内大臣列左大臣（藤原顕光）上、着仗座有御判之由、見行成大納言記也、如何、
予申云、此事古儀也、強近代不可候哉、就中見御堂御記（藤原道長）者非此限、行成記頗有疑、又他

御堂御記

家記不可被用歟、仰云、御堂御記ニ不見、然者思止了者、

朔旦冬至年々

以他本書入之
国史以後朔旦冬至年々

醍醐　昌泰元年十一月一日丙申

延喜十七年十一月一日丙子
承平六年可有朔旦、然而不置
天暦九年十一月一日
天延二年十一月一日己亥
正暦四年十一月一日甲辰
寛弘九年十一月一日甲午　長和元年也、
長元四年十一月一日甲戌
　已上内裏
永承五年十一月一日癸丑　京極殿（藤原頼通）有端、依殿下仰置之云々、
延久元年十一月一日癸巳　高陽院
寛治二年十一月一日癸酉　堀川院
嘉承二年十一月一日壬子
大炊御門東洞院西第凶会丶（上歟）、依可有日蝕上旬諒闇年也、三日賀表、御即位之次有
朔旦叙位也、天陰不正現、
大治元年十一月一日壬辰　土御門烏丸第

賀表公卿之判下、無等言字、是近代之例也、
参入不加判之人、治部卿能俊一人、参入不加判第一失礼也、
不参入加判人、（藤原）顕隆、（源）雅定両中納言、
不参入又不加判人、
近代公卿廿人、大臣三人、大納言五人、中納言七人、参議五人、

人暦ノ巻数

後日逢陰陽頭家栄問旬之事、答云、御暦案事四人也、人給暦置案事、又四人昇事、皆延久寛治例也、案二脚条見寮請奏案文也、予答云、案二脚雖在請奏、猶昇出庭中時可留歟、又御暦函以紙如立文裹条如何、内侍開函蓋、進上之処、摂政殿令取給間、依有裹紙頗有煩也、内侍又取棄紙程誠有煩、件紙不可有事歟、家栄答云、尤可然候、紙事自本無所見、共斯折立紙歟、後々不可有此紙也、又人暦ハ何巻哉、家栄答云、昔百六七十巻也、近代従図書寮不渡紙、仍旬日ハ官外記殿上暦許所入也、
人給櫃中所入暦百六十巻也、仍尤四人可昇事也、不可有二人儀也、

大外記師豊記

大外記師豊記

明徳三年十一月一日、天晴、及晩有陰雲、入夜亥刻時々小雨降、今日朔旦冬至也、仍被

旬儀ヲ行フ

行旬儀、皇居土御門殿、西礼、未刻師豊(中原)参陣、于時禁中冷然、奉行職事頭左大弁資藤(町、藤原)朝臣、申刻参内、戌刻許関白殿(二条師嗣)御参内、小時右大臣、具通(久我、源)公、参内、直昇殿、此間権大納言資教(日野、藤原)卿着陣、任権大納言後也、亥斜被始行旬儀、上卿右大臣参着仗座、直端、次権大納言藤原公定(洞院)卿、同嗣房(万里小路)卿、同資教卿、権中納言同宗顕(葉室)卿、参議同隆仲(西大路)卿等、各於宣仁門代外被加賀表之署、加礼紙、莒蓋、外記史生二人、各束帯、従之、一人持賀表莒、一人持御硯、公卿各乍立被加署、面々加了如元巻之、加礼紙賜史生参着仗座、

公定ラ賀表ノ署ヲ加フ

此間左中弁資国(日野西、藤原)朝臣、少納言菅原長方等加着床子座、両局自元祗候、次大臣召官人令敷軾、次令官人召外記、大外記師豊起床子揖、参進軾、被仰云、諸司ハ候哉、申云、候フ、又仰云、賀表署整候ヤ、〇（申云、）只今申時分候、又仰云、御暦番奏、出居次将、侍従候ヤ、申云、各候フ、大臣目師豊称唯退去、此間権大納言藤原仲光(広橋)卿、権中納言同季顕(四辻)卿、同親｜(中山親雅)卿、〔雅〕左衛門督、同俊任(坊城)卿、参議同資俊(武者小路)卿、同実豊(三条)（其儀（本））卿、右中将、等、各〇（同）於宣仁門代外被加署於賀表、史生二人役之、其儀如先、件等卿不着仗座、徘徊便宜之所、公卿署整之後、加一見、如元加礼紙、召寄函納之賜史生、令並(置歟)案上、次上卿令官人召職事頭左大弁資藤朝臣、被奏御暦番奏候之由、此次可為雨儀歟之由被奏歟、職事帰参軾、仰聞〇（食歟）、次上卿召外記、可被仰御暦番奏可候之由、而今度無其儀、次上卿令官人召外記[redacted]仍師豊起床子揖進参軾、上卿被仰云、可為雨儀、御暦奏付内侍所ヨ、称唯経柱内退去、依雨儀也、次使部二人舁立賀表案於床

仲光ラ仗座ニ着セズ

上卿雨儀タルヲ仰ス

子座前軒下、次史生人舁之、経床子座前軒下、舁立仗座西壁、副南北行退、次権大外記中原重貞、権少外記同師野等、各依雨儀、経床子座前軒下并中門南腋壁外軒下北行、入中門経軒下北行、経宜陽殿軒下東行、入軒廊内立案、両外記跪抜笏退案、軒廊内南北行立之、而依殿下仰、立直軒廊軒下柱南了、但文和、応安之度不然、而(然)上宣上者不能左右、次大臣并諸卿起仗座、経同軒下并中門南腋壁外軒下等、入中門列立宜陽殿軒下、東面、依雨儀也、不着仗座公卿等直加列、大臣一列、参議一列、大中納言一列、次内侍臨西檻、次大臣揖離列、就案下西、跪指笏、今度懐中、立取表函、不加花足、経案北聊昇西階、乍立被授函於内侍、次大臣降立階下抜笏、不揖、左廻被復本列、内侍取表函帰入御覧了、以蔵人令置御殿置物御厨子歟、次大臣以下諸卿揖経本路、大臣経納言前、経参議前、納言帰着仗座、但諸卿不及着陣、停立中門下辺、大臣一人被帰着仗座、次外記二人進寄、舁案経本路退立初所、次史生二人舁之立初所、次使部二人如元舁退之了、件案、花莒等留外記局、先例也、次職事頭左大弁資藤朝臣着軾、未得由并未赴任之輩可候座之由仰之、次大臣令官人召外記師豊、起床子揖参進軾、大臣仰云、未得解由并未赴任輩令候座、与、称唯退去、次天皇(後小松天皇)出御、内侍持釼璽候前後、関白殿下候御裾給、次内侍被置釼璽於置物机歟、次主上着御帳中御倚子、次内侍臨西檻召人、次出居左中将藤原(中山)満ー〔親〕■朝臣着靴、入自日花門代、中門也、経宜陽殿壇上并軒廊昇西階、着西

雨儀ニヨリ軒下ニ列立ス

天皇出御ス

資俊ラ絶席ニヨリ退去ス

廂南床子、今度不押旁紙、次大臣起仗座着靴、諸卿同着靴、入日花門代、経軒廊昇西階、経西南簀子入当間着兀子、一列東上北面、参議資俊卿、実豊卿等、欲堂上之処、絶席之間、自西階下各退去、自腋内々昇殿、徘徊殿上辺歟、次出居侍従左中弁資国朝臣昇西階、経次将後着西廂北床子、次四位大史兼治宿祢、大夫史光夏（小槻）、大外記師豊、師胤（中原）、頼季（清原）、権少外記師野等着階下座、自此時分雨脚休之間着之、弁少納言可着歟之由相尋之処、不可着云々、頗失礼儀歟、仍而局許着之、権大外記重貞、右大史秀職（高橋）等、同不着之、奇恠也、小時自下﨟起座退、此間出居侍従起座退去歟、次供御台盤内膳司舁御台盤二脚、造酒司大盤一脚到東階下、采女等出階上伝[redacted]舁入、自東一間供之、第一御台盤火爐前立之、東面妻、第二御台盤立御帳外巽角、南北妻、陪膳采女留着草墪、此間出居次将満丨〔親〕朝臣召内竪、二音、内竪頭川康重并末内竪等、於日花門外同音称唯之後、頭康重進立橘木下、出居将仰云、御飯給へ、内竪称唯退去、此間采女二人舁造酒司御台盤立南廂東第二間、南北妻、酒司官人自東階授之、次采女一人取銅鳳瓶置台盤南、鳥向南、又一人置酒海於台北、而今度鳳瓶并酒海不立云々、如何、次采女二人舁立内膳下器机、可給公卿出居等物、置東第一間、南北妻、内膳自東階授之、次出居次将下殿、召内竪仰可立臣下台盤之由、内竪二人舁台盤昇西階立之、次酒番侍従前修理大夫源仲名朝臣、中務権少輔高階敏経、左馬権頭源仲雅、以上三人、本儀四人也、依無領状之仁、今度為三人、入日花門代、宜陽殿

一献ノコトヲ仰ス

二献ヲ供ス

東廂内第二間、自南、床子、北上東面、次進物所供四種、次内竪給臣下四種、出居下殿催之、次索餅下器渡東、出居下殿催之、其儀内竪二人、本儀四人也、各持下器入日花代、渡馳道、経版位南至進物所、請索餅、入朱垸、経本路還渡本所供索餅、次賜臣下、内竪持参、盛分公卿出居等、居了出居次将正笏候、大臣気色、大臣又候天気、次御箸鳴、臣下応之、次供鮑羹、不賜臣下、次供御飯、次給臣下、次供進物所御菜汁物、次供御厨子所御菜汁物、次給臣下菜汁物、次御箸鳴、臣下応之、先立箸次、次出居下殿仰一献事、則供之、次臣下一献、酒番侍従仲名朝臣、敏経昇自西階羞、臣下并出居、其儀、上首仲名朝臣取盃、下﨟敏経取瓶、経公卿之後、自後供之、件事入自西庇、経公卿前可供之由、後日有沙汰、且先規自前供之云々、次下物下器渡東、内竪二人、本儀四人、二人不足、而今度各持盤一枚、就階下、経南庭、受下物、采女取盤、就下器机下、開蓋盛下物、盤上敷宿紙一枚盛之、但今度不然歟、給内竪、々々持之下殿、更昇西階捧持公卿大盤前、諸卿出居等毎物次第分取之、次供菓子干物、次賜臣下出居等、次供二献、出居下殿仰、次臣下二献、酒番侍従敏経、仲雅等昇西階、如先進寄公卿後羞也、次出居次将下殿仰開門事、近衛将曹代秦重宗陣官人、率近衛二人開左腋門代、其由也、次闈司一人入自左腋門代着版位、闈司先着左腋門外床子、今度不然、不儲座、奏御暦奏候之由、勅答令申ヨ、闈司唯退、次中務権少輔高階敏経、蒸(丞)代宗岡行嗣等就版位、陰陽寮修理権大夫賀茂在弘朝臣、陰陽頭同定継朝臣、権暦博士、暦博士同在方朝臣、陰陽助、陰陽権助同定弘朝臣等舁御暦案立版南、一同列拝退去、列拝事旧記不詳、可否如何、陰陽允属舁頒暦辛櫃、立御暦案南、去一許丈南、退出、輔独留奏、其音不聞、無勅答、次輔退、次闈司二人入左腋門代参入、舁御暦案昇南階、立東第二間簀子、東西行、降自同階立階東腋、次内侍出自御帳東御屏風南妻、南進降簀子、就案北乍立取莒、就御帳東開莒蓋候、

天皇御暦ヲ執ル

天皇執御暦置々物机給、内侍覆函蓋置案、帰入、闈司還昇、自南階昇立本所退去、次少納言菅原長方、着靴、率内豎二人、本儀六人也、而今度依無人二人也、兼日有沙汰、入自日花門代、立頒暦辛櫃南頭、内豎二人舁御暦案、本儀四人舁之、出、次内豎二人又帰参、依無人重反、舁頒暦辛櫃、納暦七巻三巻、外記局三巻、官局一巻、記録所等分也、出、次少納言長方出、辛櫃与少納言連歩、次闈司一人入左腋門代、就版奏番奏候之由、勅令申与、闈司称唯退、

六府ノ将佐南庭ニ列立ス

次六府将佐左近少将藤原(四条)隆躬、右近少将源定清、件定清、今年四月廿日伝〔転カ〕左少将、而可為右近云々、左衛門権佐藤原(勧修寺)経豊、権右少弁、右衛門佐平仲信、左兵衛佐藤原(葉室)定顕、右兵衛権佐(万里小路)同重房、各帯釼、各指笏持簡、入左腋門代参列南庭、府次第列之、就版、第一人当版立東上北面、立定之後、各立簡奏、右府不奏不立礼、勅置ケ、将佐同音称唯、但其由也、不聞、次闈司二人入左腋門代経将佐之後立左将上、東上北面、次左兵衛佐藤原定顕授札於左衛門権佐同経豊、々々伝左少将隆躬、々々取重簡三枚渡一闈司、次右近[redacted]将伝之、如左将取重簡授二闈司、々々二人各取簡昇東階、経簀子進西北行、於東屏風南辺付内侍、々々二人取之、先上﨟内侍持左近簡、経御帳西辺懸簡、置西置物机、覧了即還出、

返給簡於闈司歟、次下藹内侍取右近簡、進覧如初、次闈司自御後退出、次六府抜笏一揖退出、隆躬自前退、定清自後退、次近衛閇門、但近代無此儀、今度同前也、次供三献、次大臣仰、最末参議召諸大夫、参議目出居、々々下殿催之、次諸大夫着座、未得解由輩歟、但近代召諸大夫之儀無之、今度同前、仍不及催諸大夫也、

三献

又不儲座歟、次臣下三献、出居下殿催之、酒番侍従敏経、仲雅役之、如一二献、次置御箸、臣下従之、次大臣下殿着陣、乍着靴被懸庁尻、召外記重貞、軾自元在之歟、被仰見参事、重貞持参、大臣披見之後返賜重貞、々々賜之、退立小庭、次大臣起仗座、経本路、外記奉相従之、於西階下取杖昇殿、経西庇、出居前、并母屋到御屏風西頭、付内侍奏聞、其儀同節会時歟、大臣抜笏立給、則返給、取加杖下被外記（マヽ）、々々給之、大臣被帰着仗座、外記相従之、外記進見参於大臣、々々抜取被置前、外記持空杖退出、

外記見参ヲ大臣ニ進ル

次大臣召少納言長方於軾下賜見参、長方賜之退去、於宣仁門代辺招権少外記師野渡之、師野取副笏揖■退、今度被用永仁之例、仍無禄法、凡近代禄法事、同无之歟、次大臣不昇殿退出、次少納言就版唱見参、但近代無此儀、今度同前、次天皇入御、公卿起■兀子、出居称警蹕、依大将不参也、次諸卿退出、于時丑斜也、

明徳歟
朔旦冬至旬次第

御装束儀

御帳四面懸帷、東西南三方巻上之、其内敷両面筵二枚、其上立黒漆平文御倚子一脚、

左右立置物机各一脚、其前置火爐御帳、東面立大宋御屏風各一枚、御帳南去東置草墪一枚、為陪膳釆女座、御帳後東辺立五尺屏風二帖、其内立赤漆小倚子一脚、為御粧物所、
御帳後敷緑端畳一枚、為内侍座、
御帳東敷両面畳一帖、為■関白座、
自南廂階西間至同第三間西柱下一行、立兀子簀子敷床子、為公卿座、西廂北間、立白木床子二脚、為出居侍従座、東面、
宜陽殿土間第二間西壁下、立白木床子二脚、為酒侍従座、左腋門外南腋立床子二脚、為闈司座、北面、延政門代内北腋立床子一脚、為闈司座、南面、
左腋門内南腋立酒司酒具、階下西一行敷座、為上官座、
諸卿参着仗座、蒔絵釼、無文帯、
上卿召官人令置軾、
次召大外記問、諸司具否、諸司ハ候ヤ、外記申候之由、
又問云、御暦奏番奏、出居次将、侍従ハ候ヤ、外記申候之由退下、
次上卿指職事、奏御暦奏番奏候之由、
職事帰来仰聞食之由、

次召外記仰御暦奏番奏可候之由、
此間外記使部二人舁賀表案、立床子座前、南北妻、
次外記史生二人舁之、立宣仁門代内、南北妻、
次六位外記二人舁之、入自日花門舁立案於軒廊北一間、案南北妻、表莒東南妻、
次上卿以下起陣座、入自日花門列立軒廊南庭、北上東面、
　大臣一列、納言一列、参木〔議〕一列、
次内侍臨西檻、
次上卿揖離列進出、就案西辺指笏取莒、昇西階授莒於内侍、退降復本列、
内侍取莒進御所、賀表御覧畢、有礼紙、無裏紙、給五位職事、令置御置物御厨子、
此間上卿以下還着仗座、
　次外記二人撤空案立初所、
次職事来軾未得解由、未赴任輩仰可令候座之由、
次大臣召外記仰之、其詞同職事、
　外記称唯退下、
次天皇出御、

内侍取釼璽候前後、近衛次将相副扶持之、関白候御裾、其儀如例、先内侍置釼璽於西置物机、
次主上着御帳中倚子、
次内侍臨西檻召人、
次諸卿起座於宣仁門外着靴、
次出居次将、押笏紙、着靴、入自日花門、経宜陽殿壇上并軒廊昇西階、着西廂南床子、
次諸卿昇殿着兀子、其儀如例、
次出居侍従昇西階、着西廂北床子、
次上官着階下座、
此間出居侍従不煖座退去、
次供御台盤、
内膳司舁御台盤二脚、造酒司大盤一脚、入日華門到東階下、采女等出階上伝舁入、自東一間撤帊供之、
第一御台盤火爐前立之、東面妻、
第二御台盤立御帳外巽角、南北妻、陪膳采女留着草墪、
此間出居召内豎、二音、

内竪於日花門外称唯後、又進立橘樹下、
出居仰云、御飯給へ、
内竪称唯退下、
此間采女二人舁造酒司御台盤立南廂東第二間、南北妻、酒司官人自東階授之、
次采女一人取銅鳳瓶置台盤南、鳥向南、
又一人置酒海於台北、
又二人舁立内膳下器机、可給公卿出居等物、置東第一間、南北妻、内膳自東階授之、
次内竪立臣下台盤、
四尺四脚立上卿前、八尺一脚立参議前、四尺二脚立出居前、
次酒番侍従、地下五位、入日華門着宜陽殿床子、北上東面、
次供四種、進物所供之、
采女四人役送、陪膳采女警取之歟居一御台、役送采女取空盤退下、
次内竪給臣下、
出居下殿催之、
次索餅下器渡東、

内竪四人各持下器入日華門、渡馳道至進物所請索餅、経本路帰渡、
次供索餅賜臣下并出居、
居了出居次将気色、参木〔議〕々々示上卿令候天気、
次御箸鳴、　臣下応之、
次供鮑羹、　不給臣下、
次供御飯、　賜公卿并出居、
次供進物所御菜、
次供御厨子所御菜汁物、
次供臣下菜汁、
次■申上御箸下、
次供一献、
賜臣下并出居、酒番侍従二人役之、
次下器渡東、
内竪四人各持盤一枚、入日花門就東階下受下物、釆女取盤、就下器机下、開蓋盛下物、
盤上敷宿紙一枚盛之、給内竪、々々持之下殿、更昇西階捧持公卿大盤前、

諸卿出居次第分取之、
此間供御菓子并乾物、
賜臣下并出居、
次供二献、
賜臣下出居、如一献、
次闈司奏、
左近将曹率近衛二人、開左腋門代、
次闈司入自左腋門代着版位、奏御暦候之由、
勅答畢、闈司称唯還出、
次御暦奏、
中務輔一人率陰陽寮六人舁御暦案并頒暦辛櫃、入左腋門代、去版南一許丈、立御暦案南、頭已上四人舁之、
又丞二人舁頒暦辛櫃、去案南一許丈立之、
中務輔留就版奏之、無勅答、
次闈司二人入左腋門代、舁御暦案舁南階、立東第二間簀子、

次内侍出御帳東御屛風南妻、南進降簀子、就案北乍立取莒、就御帳東開莒蓋候、
天皇取暦置東置物机上給、内侍持空莒、如本帰置案上帰入、
闡司還昇舁案立本所還入、
次少納言率内竪六人入日花門、立頒暦辛櫃南頭、内竪四人舁御暦案、又二人舁頒暦辛櫃
退出、
少納言相従出日華門、
次番奏
先闡司入左腋門代、就版奏之、勅答就闡司称唯退出、
次六府将佐、各帯釼、取簡、入左腋門代列立版位南頭、東上北面、
次左右近先奏之、
次勅答
六府同音称唯、
次闡司二人入左腋門代列立左近上、
次各畳礼
次闡司二人取簡昇東階、経簀子進西北折、於東御屛風南辺付内侍、々々二人取之、先持

左近簡、内侍経御帳後進御帳西辺点簡首、於西置物机覧畢、即還出、返給簡於闈司、次持右近簡、内侍進覧如初、

次供三献、

次大臣奏見参、

大臣下殿着陣召外記、見参可持参之由仰之、

六位外記捧見参目録、於杖奉大臣、々々披取見之返給外記、々々退立小庭、大臣経本路相従外記、於西階下取杖昇殿、付内侍奏之、

其儀同節会

次大臣復陣座、外記進見参、大臣取文置前、

外記取空杖退下、

次召少納言給見参、

次召弁賜目録、

次大臣還着堂上座、

次天皇入御、

出居次将称警蹕、

次諸卿退下、

雨日御暦奏番奏、上卿奏事由、仰外記付内侍所、

朔旦冬至年々 延暦以来以十九年為一章、

延暦廿二	弘仁十三	承和八
貞観二	元慶三	昌泰元
延喜十七	承平四 六年十一章、而今年設之、暦家之失也云々、	天暦九
天延二	正暦四	長和元
長元四	永承五 今年閏可在十月、而置十一月、暦家之失也、遂以被改之、被行賀瑞之礼云々、	延久元
寛治二	嘉承二	大治元
久安元	長寛二	寿永二
建仁二	承久三	仁治元
正元二 （々 ヒ）	弘安元	永仁五

正和五　建武二　文和三

応安六　明徳三　応永十八

永享二 今年雖十一章無朔旦冬至、置〔閏〕於十一月、宝徳元　応仁二

長享元 今年雖十一章無冬至、置閏於十一月、　永正三 今年又同上、

右考件年々暦記之所載、毎度有朔旦之冬至、一章十九年無相違矣、加初〔朔〕旦年、為廿年也、又置閏於十月定例也、而永享二年、長享元年、今年、永正三、雖十一年不設朔旦冬至、置閏於十一月、術数違先規之条、最以不審也、爰承平不十一年、永承置閏於十一月、為暦家失之由、先賢称之、以之思之、若有推歩之違歟、永享度不被尋問之条、可謂朝議之無沙汰、此外雖有中間之朔旦、於一章之朔旦者全以無相違者乎、

中間朔旦年々、自初朔旦年相当十二年、有此事也、

保元々 有改暦宣下、無嘉瑞之礼、延慶元 同上、　応永廿九 無改暦宣下、被行旬儀歟、

文明十一 有改暦宣下、

遷都以後朔旦年々

延暦二 三歟 甲子　同廿二 己未　弘仁十三 壬〔寅〕　承和八 辛酉　貞観二

元慶三 己亥　昌泰元 戊〔午〕　延喜十七 丁丑　承平六（当一章無朔旦）　天暦九 乙卯

天延二 甲戌　正暦四 癸巳　（平座）長和元 壬子　長元四 辛未　永承五 庚寅

延久元 己酉　寛治二 戊辰　（諒闇中平座）嘉承二 丁亥　大治元 丙午　久安元 乙丑

長寛二 甲申　（平座）寿永二 癸卯　建仁二 壬戌　（平座）承久三 辛巳　仁治元 庚子

正元々 己未　建治四 戊寅　永仁五 丁〔酉〕　正和五 丙辰　建武二 乙亥

（平座）文和三 甲午　（平座）応安六 癸丑　明徳三 壬未

（寛永）朔旦冬至平座次第

刻限諸卿参集加賀表署、

其儀、諸卿列立陣後、（宣仁門北腋東上南面、不揖、）外記史生一人持硯、一人持表莒、進上卿前、上卿乍立懐中笏取表巻取懸紙、返入莒巻返表、見定我位所取筆、（史生染筆進之、）持表於左手、取筆於右手加署、（名之両字也、）不及巻直返入莒、取笏入宣仁門着座、（奥、）次々人同前、（或立上々首之跡加署、或於本立所、此説為是、）最末公卿巻返加懸紙、如本入莒、（或無其儀、）

次諸卿着仗座、

平座次第

次上卿移端座令官人敷軾、

次上卿令官人召大外記、々々参軾、上卿仰云、諸司ハ候ヤ、申云、候フ、

又仰云、賀表署整候ヤ、申云、整候、

次史生舁表案置小庭、史生二人舁之、以下﨟為先、入宣仁門代立軒廊与陣座作合、東西行副軒廊南軒方立之、雨儀立床子座前、

次六位外記両人入宣仁門、各跪案下指笏舁案、入軒廊到東第一間立之、南北行立之、賀表莒横置之、文首西、抜笏揖退入、

次上卿以下起仗座、列立軒廊南砌、東西北上大臣一列、大中納言一列、参議一列、

次内侍臨西檻、

次上卿就案下取表授内侍復本列、

其儀、揖離列左廻入軒廊東第二間、跪案東頭指笏起取表莒、或乍跪取莒共有例、不取花足、以両手持之、経案北昇西階、三級右足為先不歴階、頗及乍立授莒於内侍、乍向東下階抜笏、不揖、左廻経本路復列、有揖、

次上卿已下帰着陣座、

次外記撤案立本所史生又撤之、

次職事進軾仰々詞、　仰云、不出給、依例行ヘ、

此次未得解由者可候座之由仰之、或上卿進奏之、則召大外記仰之、

次上卿以官人召装束司弁、仰云、宜陽殿装束弁退仰史、
次弁帰来申宜陽殿御装束具之由、
次上卿已下起仗座着宜陽殿座、上卿着第一間、端、諸司置軾、若不敷者上卿令置軾、
着西座之人、或不昇板敷上、渡弁座上着之、沓在壁下、
次弁少納言入月華門着座、弁東、少納言西、
次一献、
弁少納言遞着軾勧之、或自下臈勧之、近例也、自上臈勧之、正説也、五位継酌、
其儀、弁《或少納言》〇於便所指笏取盃、有尻居、進、内竪取瓶子相従、着軾揖気色上卿、々々目許之後、受酒飲之、
更受酒、上卿気色次人之後、取盃飲之、座上或座下、受酒授次人、第一人擬第二人之時、盃自台盤下取伝之、
次二献、其儀同前、
次居飯汁《索餅》、近代兼居之、参木〔議〕中上、
次上卿已下々箸、
次三献、同前、
三献以前、於参議座停之、不伝弁少納言座、
次上卿取笏、或不取、仰最末参議、令召侍従、参議取笏仰最末少納言、々々々称唯出月華門

召之、

次侍従参入、近代雖召不参入、

次居飯汁、

参木〔議〕候気色、上卿已下々箸、

次上卿仰最末参木令仰録事、

其儀、上卿可有録事由示参議、々々抜箸取笏申云、某官朝臣々々々々、四位召官朝臣、某名朝臣々々々々五位召名朝臣、録事令奉仕ム、上卿揖之、予抜箸取笏、参木〔議〕微唯仰云、其官朝臣々々々々、其名朝臣々々々々、録事奉レ、不召立乍座仰之、各乍座称唯、

次四献、初献之人重勧盃、

其儀、末参議降座、転盃於弁少納言座、各飲闕巡、四盃、

次外記進小庭、申御暦奏候之由、遅々時、上卿催之、

上卿目之、　此次仰可進見参之由、

次外記挿見参禄法於文杖、見参一通、禄法一通、入同門候小庭、

次上卿目外記、々々奉文披見給、外記令挿之、

次上卿起座就弓場奏聞、　此次奏御暦奏候之由、

御覧了返給、　此次職事仰云、　御暦奏内侍所ニ、
上卿経本路複座、　外記進之、　上卿取之置前、
此次仰云、　御暦奏内侍所ニ、　外記取空杖退、経小庭出宣仁門、
次上卿仰参木〔議〕召少納言、　々々々参進軾、
上卿取笏乍向奥、　以左手給見参、　少納言取之不結申、　自柱外壇上到月華門、
次召弁給目録、其儀同見参、
次少納言、弁出宣仁門之後、取副見参於笏、　趍立南庭、版乾三許丈、北山云、当南殿東一間云々、　指笏、
於右腋披文、　押合当冠額間披之、　更引下当面読之、　読了押合押左腋、
次々如此、　但第二人、第一摂政、第二上卿、不指上冠程、　直当面読之、
次王卿列立桜樹南、
其儀、　唱我之時、先摂政名、次唱上卿、微唯起座、両揖如恒、自壇上北行、　自軒廊内東行、　出自東二間立少納言乾二許丈、
次参木〔議〕已上次第応召立、参木〔議〕以上一列、非参木〔議〕一列、西上北面、
次少納言召自名後称唯、　如例、
其儀、　召非参議名両三人之後、　召自名推合文、　称唯取笏、　左廻列々西立後列、経列上也、

此間弁少納言起座、出自月華門前、列立公卿後、
次王卿已下拝舞了、各退下、

慶安三年壬〔閏〕十月廿一日
猶自関白殿（一条昭良）談合之条如此、
唯今来臨令祝着候、然者朔旦冬至表加署、関白判歟、名二字朝臣内、先規色々御入候
条、難定候、若於所見書付可給候ハヽ、可為祝着候、謹言、
壬〔閏〕十月廿一日　康道公（花押）
権中納言殿（三条西実教）
二条殿（二条康道）へ進上之、
御名字二字多候哉、
文和　関白従一位臣藤原朝臣良基（二条）
応永　関白｜｜｜満教（九条）
延久　関白｜｜｜教通（藤原）
只今得所見之分書載之、

中右記
昨日外記史生不｜公卿判、今日参内、次人々多加判、治部卿（源能俊）遅参之間、不加判、
已下略之、
以之思之、旧記判ト云者草名之事乎、江記等判之由相見候、此等之趣、可然様可令
申入給候也、

実教

廿三日
先日者早々勘られ候て給、祝着のいたりニ候、然者朔旦冬至、宜陽殿儀過候て、軒廊に入て南庭に進候様ニ、先日の次第見候、何の間を入、何の間より出候哉、又納言、参議、同間候哉、公卿退出之時、軒廊に入候て退出候哉、拝舞過て直宣仁門より分散候哉事、御六ヶ敷儀なく候、一覧候て給候ハヽ、満足たるべく候、謹言、

壬〔閏〕十月廿一日　　康道公（花押）

権中納言殿

二条殿へ御報　文匣ニ入来ル、封御封之、則御封返献、

先日次第、

慶安三年閏十月消息

次王卿列立桜樹南、
其儀唱我之時、先摂政名、次唱上卿、微唯起座、両揖如恒、自壇上北行、自軒廊内東行、出自東二間立少
納言乾二許丈、
次参木〔議〕已上次第応召立、
此分候、
唱見参事、近代無之由、已明徳比、大外記師豊記所見也、仍其已後、於次第者注載
之、多不及其儀、見参禄法等給之後、上卿已下次第起座退出候様見候哉、仍近代記
難得所見候、
退出之路之事、
只自宣仁門退出之由所見候、入軒廊哉否之事不分明候、

右朔旦冬至部類、自永承至明徳、以或家古巻令書写、自余亦添件巻間、一緒類
聚了、最可秘焉、
寛政九年正月廿一日
正二位藤（柳原紀光）（花押）

朔旦賀表と朔旦冬至

——宮内庁書陵部蔵柳原本『朔旦冬至部類』にふれて——

木本好信

はじめに

朔旦冬至とは、十一月一日が冬至にあたることをいい、その時には朔旦冬至の賀表が上表され、旬宴が行われ、叙位・恩赦・免田などのことがあった。本朝でも中国の制度をうけて、注(1)奈良時代の聖武天皇神亀二年（七二五）に行われたことに、その原拠が求められるといわれる。注(2)そして、桓武天皇の延暦三年（七八四）にいたって本格的な儀式として成立したと考えられている。注(3)その後、平安朝においては、ほぼ十九年ごとに、一条天皇の長寛二年（一一六四）まで、都合二十一回行われたことが知られている。注(4)注(5)

その朔旦冬至に関する記事を、公日記や私日記から部類した朔旦冬至の部類記の写本はいくらか存在するが、その代表的なものが『群書類従』巻九十に収載されている『朔旦冬至部類記』で、久安元年（一一四五）の朔旦冬至を、藤原頼長の『台記』・『朝隆卿記』などから、建武二年（一三三五）のを『大外記頼元記』・『康綱記』・『官方記』から部類している。しかし、この部類記のように十二世紀以降の朔旦冬至を取り扱ったのが多いのに対して、これ以前の朔旦冬至の部類記は少なく、本書の宮内庁書陵部蔵の柳原本『朔旦冬至部類』は、その点で貴重な存在だといえる。

本小論では、この宮内庁書陵部蔵柳原本『朔旦冬至部類』の影印・翻刻に際して、解説をかねて、朔旦冬至の賀表の公卿加判と「等言」の字句、そして朔旦叙位などについて考えてみる。

一、柳原本『朔旦冬至部類』――その概要と成立――

柳原本『朔旦冬至部類』（以下、『部類』略す）〔架蔵番号・柳三六四〕は、縦二十七・五糎、横二十糎で、美濃紙袋綴、現表紙は書陵部新補の紺表紙、元表紙は渋引、左側に「朔旦冬至部類、目六在裏」と外題している。扉には、引用書目および年次を載せており、「日野柳原秘府得朋記之印」がある。また本文初葉にも、「日野柳原秘府図書」の印がある。

その内容は、永承五年（一〇五〇）から明徳三年（一三九二）まで、すなわち永承五年十一月、延久元年（一〇六九）十一月、寛治二年（一〇八八）閏十月・十一月、嘉承二年（一一〇七）十一月、大治元年（一一二六）閏十月・十一月、明徳三年十一月にいたる朔旦冬至の関係記事を、『外記』・『大外記貞親歟』・藤原教通の『二東記』（以上、永承度）、『広宗日記』・藤原俊家の『大右記』・『経信卿記』（帥記）・大江匡房の『江記』（以上、延久度）、『師平記』・『経信卿記』・『江記』・『季仲卿記』・『為房卿記』・『時範記』（以上、寛治度）、『外記』・『大外記師遠記』・『敦光記』（以上、嘉承度）、『外記記』・『大外記師遠記』・『敦光記』・藤原宗忠の『中右記』（以上、大治度）、『大外記師豊記』（明徳度）などより部類している。これらの部類された諸日記の四十余か条のなかで、『経信卿記』三か条のうち、寛治二年十一月二十日条の一か条を除いては全て逸文で、いままで知られていなかった条文である。

ただ寛治二年十一月一日の『師平記』と『為房卿記』については、大日本史料第三編之一に引かれた「京都御所東山御文庫記録」甲七に収める平経高の『平戸記』仁治元年（一二四〇）閏十月二十二日条にごく一部だがみえている。

『師平記』に大きな異同はないが、『為房卿記』には異同がある。『平戸記』引用条文にあたる『部類』逸文を次掲すると、割注の《　》部分は『平戸記』の逸文にはない。たぶん割注を省いて引いたのであろう。

朔旦冬至也。中務省率陰陽寮、賚参御暦机并人給暦辛櫃等【中務少輔広綱、丞為綱、陰陽頭国随率官人等賚参】。去版南一丈立御暦案《二巻納黒漆莒、置同案》。其南立人給暦辛櫃《納黒漆辛櫃、殿上料一巻、往古納百二十巻》。省寮退出。

以上、十四の公・私日記四十余か条から部類された日記条文に加えて、『朔旦冬至旬次第』（明徳度）、『朔旦冬至年々』（永正度）、『朔旦冬至平座次第』（寛永度）、『慶安三年閏十月消息』（一六五〇）などが付加されている。

この『部類』の成立については判然としないが、ただ奥付に「右、朔旦冬至部類、自二永承一至二明徳一。以二或家古巻一令二書写一。自余亦添二件巻間一、一緒類聚了。最可レ秘焉。寛政九年正月廿一日。正二位藤（花押）（方朱印・紀光）」とあるのが、その手がかりとなる。つまり、永承度より明徳度までの条文を収める或家の古巻に、寛政九年（一七九七）に柳原紀光（一七四六―一八〇〇）が江戸時代以降の『朔旦冬至平座次第』以下の記事であろう、書写の段階で一緒に類聚したことがわかる。紀光は、『百錬抄』のあとをついで、亀山天皇（在位一二五九―七四）以降の史書『続史愚抄』編纂のために諸家の史料を博捜・書写したことが知られており、この『部類』もその過程での類聚であろう。

それでは、この「或家古巻」とは、どのようなものであると考えられるだろうか。明徳三年の記事を収めているのであるから、当然それ以降の成立とすべきであろう。

ただ、永承五年の『外記』より、延久元年・寛治二年・嘉承二年・大治元年の『中右記』までの諸条文には、虫損の個所を示していると思われる「、、、」・「――」・「［　　］」などの欠字部分が多いのに対して、長文である明徳三年の『大外記師豊記』の条文にはこのような個所は一か所もない。これは明徳三年頃までの二百六十年間に大治度までの記事を収める原部類記に虫損が生じていた証であろう。さらに、永承五年からはじまって、延久度・寛治度・嘉承度・大治度と間断なく朔旦冬至の記事が部類されてきているにもかかわらず、その次の久安元年（一一四五）・

長寛二年（一一六四）以降から明徳三年まで二百六十年余の空白があることなども、そのことを示しているものと思われる。

また、原部類記と考えられる末尾条文の『中右記』大治元年十一月一日条の冒頭には、「五墓、大歳、月徳」と記されている。これは具注暦の書き込みであって、日記条文ではないから、ふつうは部類するにあたって書写されないものであるが、これが記されているということは、少なくともこの『中右記』条文は、記主の藤原宗忠の自筆原本である具注暦から直接に書写された可能性が高い。該条文が、比較的まとまって現存している『中右記』の逸文であることから考えても、この『中右記』条文は宗忠自身か、その子孫、またはこれらに近い立場の者が大治元年をあまり降らないかなり早い時期に書写したものと推察でき、とても明徳年間頃の書写だとは考えられない。

よって、永承度から大治度までの記事を載せる原部類記と呼ぶべきものは、大治年間以降の早い時期、『中右記』条文が原本の具注暦からの直接の書写ではないとしても、具注暦の書き込みが除外されて書写されるまでの過程内に成立したものであると思われる。

そして、この永承五年から大治元年までの記事を収めた既存の部類記（原部類記、第一次部類記）に、二百六十年後の明徳年間以降に、明徳三年の『大外記師豊記』条文と、これらを勘案して作られた『旬次第』を付加した部類記が成立するのである（第二次部類記）。

ただ、『朔旦冬至年々』の記事の末尾に、「右考二件年々暦記之所レ載、毎度有二朔旦之冬至一。一章十九年無二相違一矣。又置二閏於十月一定例也。而永享二年、長享元年、今年、永正三」とあるから、原部類記に明徳の記事、そして『朔旦冬至年々』を、この永正三年（一五〇六）に併せて第二次部類記が成立したとする理解もあるが、明徳三年から永正三年まで百年以上もあり、『旬次第』という儀式文が『大外記師豊記』以前の記録条文をうけてまとめたように記されていること、さらに『朔旦冬至年々』の内容が、その以前の記事と相応しないことからすると、明徳三年の記事が『朔旦冬至年々』の記主によって書かれものではないことが確認される。けれども、「右考二件年々暦記之所レ載」との記述がある以上、『朔旦冬至年々』が、明徳の記事とは別々に伝存してきていて、紀光によって類聚されたとも思えない。

以上の事実を併せ考えると、まず永承度より大治度までの記事を収める大治年間以降の早い時期に成立した原部類記（第一次部類記）があり、それに二百六十年後の明徳年間以降に、明徳三年の記事と、これらを勘案して作られた『朔旦冬至旬次第』を付加した部類記（第二次部類記）ができた可能性が高い。延久元年十一月の『江記』条文末尾に「宝徳元年書写之。大略如レ本」とある。これは延久元年までの記事を宝徳元年（一四四九）に書写したということではなく、延久元年の記事そのものの書写に難渋したことを示したものであって、明徳三年までの記事を宝徳元年に一括書写したことを記したものであると思う。第二次部類記の成立は、この時であろう。さらに五十年後の永正三年頃に、この第二次部類記に『朔旦冬至年々』の記事が添加されてできあがったのが、紀光のいう「或家古巻」（第三次部類記）ということになろう。

この永正三年頃に成立した「或家古巻」を、紀光は寛政九年に書写し、寛永年間の『朔旦冬至平座次第』と、『慶安三年閏十月消息』を一緒に類聚して成立したのが、この柳原本の『朔旦冬至部類』（第四次部類記）であると考えられる。

一方、部類記（原部類記）の編者についてであるが、はっきりしたことはいえない。ただ、各年々の記事にはかならず『外記日記』（『外記記』）と、その時に外記の職にあった人物の私日記が収められている。そして、部類するにあたっては、まず公日記である『外記日記』を掲記して、次に外記の私日記、ついで公卿日記という順に収載している。関白藤原教通の『二東記』、右大臣藤原俊家の『大右記』といえども末尾にまわされている。また、公卿日記が十一月一日条の一か条の部類に対して、『外記日記』と外記の私日記である『師平記』が数か日条にわたっていることも注視される。

この事実からして、原部類記の編者は外記の職にあった者ではないかと想像される。そうすると、外記職を世襲する中原・清原氏出身の人物が考えられるが、外記の私日記には、貞親・師平・師遠という中原氏の者がみられることから、中原氏で外記職にある者の手によったものであるとしてもよさそうである。さらに推測をかさねると、年代的な面からだけであるが、大治年間（一一二六—三〇）以降に活躍し、外記職にあった師安[注6]・師元[注7]・師尚[注8]あたりではないかと思われる。ただ、先述した『平戸記』にみえる『為房卿記』・『師平記』（『師平朝臣記』）は、元は師尚の孫である大外記師兼（一一九五—一二五三）が引いたものであることから少し降る可能性もある。

無論、原部類記だけではなく、宝徳元年成立の第二次部類記も中原師豊[注9]の『師豊記』を収めているのであるから、中原氏のもとで成ったものであることは勿論、『朔旦冬至年々』をも加えた紀光のいう「或家古巻」も中原氏の者による編であり、「或家」とは、おそらく中原家、すなわち押小路家か、またはそれにつながる家を指していることは間違いないものと考えられる。

二、朔旦冬至賀表について——加判と「等言」——

この部類記の記事中で、問題となっているもののひとつに、朔旦冬至賀表の公卿加判末尾の「等言」の字句がある。これについて考えてみる。

朔旦冬至にあたっては、その吉年を祝し、今上の嘉祥をたたえた賀表を上表するのが通例であった。この朔旦冬至賀表の上表は、『政事要略』巻廿五・十一月朔旦冬至条に引く『日本後紀』の逸文である延暦二十二年（八〇三）十一月戊寅朔条に、

百官詣レ闕、上表曰、臣聞、惟徳動レ天、則霊祇表レ瑞。乃神司レ契、則懸象呈レ祥。伏惟、天皇陛下、則レ哲承レ基、窮レ神闡レ化。功被二有截一、徳輝二无方一。伏検二今年暦一、十一月戊寅朔旦冬至。（下略）

とあるのが、史料での初出である。

この賀表に公卿加判があったか否かについては判然としないが、上表である以上はあったと解したほうがよいであろう。この直後の弘仁十三年（八二二）の賀表も史料には確認できないが、まずあったと思われるし、仁明天皇の承和八年（八四一）には、『続日本後紀』同年十一月朔日条に、「是日朔旦冬至也。公卿上表慶賀」とあって、上表のことがみえている。次の清和天皇の貞観二年[注10]（八六〇）、陽成天皇の元慶三年[注11]（八七九）のことは国史に、つづく昌泰元年（八九八）、延喜十七年（九一七）、天暦九年（九五五）、天延二年（九七四）、正暦四年（九九三）などの年度にも賀表の上表があったことは、『政事要略』巻廿五にみえている。

これらの賀表の多くは、式部大輔か文章博士の作るところのものであったが、時が降ると、「或不レ論二上下一、択二其仁一被レ仰之」[注12]などということになったようで、早くも天暦九年には公卿作者の例として参議の大江朝綱のことがみえ、長和元年（一〇一二）には中納言の初例もみられるようになった。

また賀表の清書も、弁官の中・少弁がその任にあたることになっていたらしいが、太政官の所進という理由から、弁少納言が便宜であるとされた例もあったが、実際にはこれもこだわることがなく、永承五年（一〇五〇）には内匠頭兼行が侍従所辺に候じて勤仕したことがみえ、久安元年（一一四五）には、『台記』同年閏十月二十五日条に、「賀表清書、右少弁光頼（藤原）奉仕者。権右中弁朝隆（藤原）朝臣、能書之誉冠二絶于当世一。光頼未レ有二其誉一」とあるように、能書の人を選んで清書させる事例が多かったようである。

賀表の清書がすむと、その末尾に摂関以下の台閣に列なる公卿等の加判が行われる。この公卿加判について、『部類』所収の『中右記』逸文の大治元年（一一二六）十一月一日条には、以下のような記述がある。

依二朔旦冬至一有レ旬。仍巳時許相二具中将（藤原宗能）一参内。内大臣（源有仁）以下上達部四五人被二早参一。予於二陣辺一、招二外記師遠（中原）一問云、賀表未レ加レ判。若於二仗座一人々可レ被レ判之儀歟。如何。師遠答云、昨日早旦権右中弁顕頼（藤原）於二里第一、依レ仰被二清書一了。其後給二外記史生一。可レ申二人々御判一由下知之処、未二持来一太奇怪也。則史生乞二表判一、少外記染レ筆持来。披見之処、近代廿人、上達部五六人未レ加レ判。予加二名二字一了。

宗忠の「賀表未レ加レ判。若於二仗座一人々可レ被レ判之儀歟。如何」との問いに、師遠は「昨日早旦権右中弁顕頼於二里第一、依レ仰被二清書一了」と答えたが、その後、宗忠は「則史生乞二表判一、少外記染レ筆持来。披見之処、近代廿人、上達部五六人未レ加レ判。予加二名二字一了」ともいっている。

しかし、よほど宗忠は気になったのであろう。朔旦の儀式次第を記し終わったあとに、さらに賀表加判について、「昨日外記史生不レ取二終公卿判一。今日参内、次人々多加レ判。治部卿遅参之間、不レ加レ判立レ列。頗以為レ奇。予密々令二覚悟一。而不レ被レ加レ判何為哉」といって、疑問を示している。

また、このことに触れて以下のようにも記述している。

先日殿下（藤原忠通）被レ仰云、朔旦賀表於二仗座一、公卿加レ判。我着二仗座一欲レ加レ判。如何。是後一条院御元服賀表時、宇治殿（藤原頼通）摂政内大臣列二左大臣（藤原顕光）上一、着二仗座一有二御判一之由、見二行成大納言記一也。如何。予申云、此事古儀也。強近代不レ可レ候哉。就中見二御堂御記一者非二此限一。行成記頗有レ疑。又他家記不レ可レ被レ用歟。仰云、御堂御記ニ不レ見。然者思止了者。

摂政内大臣であった藤原忠通が仗座での賀表加判を、頼通の後一条院元服時の加判のことが『行成大納言記』（『権記』）にみえるのを例にとって行おうとしたのである。この忠通が典拠とした『行成大納言記』条文は明確ではないが、内閣文庫所蔵の中御門本『天皇御元服記』に引かれている『権記』逸文の寛仁二年（一〇一八）正月七日条がそれにあたるのかもしれない。注(13) この事例に依拠しようとした忠通に、宗忠がそれは古儀であって、近代ではすでに行われていないことであるといっている。ただ、藤原道長の『御堂御記』にみえているのであれば別であるが、「頗有レ疑」である『行成大納言記』では典拠とはならないし、他家の記においては問題外であるといっている。この宗忠の言に、忠通は『御堂御記』にみえないのであれば仕方ないと、思いとどまったという。
宗忠が『行成大納言記』を「頗有レ疑」と評価し、一方では道長の『御堂御記』を過大とも思えるように考えていることに注目させられる。これについては、忠通も『行成大納言記』にみえてはいても、『御堂御記』にはみえないからと、思いとどまったのであるから、宗忠と同様の考えをもっていたのであろうことが推測される。ただ、『御堂御記』を宗忠が「非二此限一」と述べたのは、『御堂御記』を典拠にすることによって、忠通の仗座加判を思いとどまらせようとした宗忠なりの思慮がはたらいていたのかもしれない。いずれにしても、この宗忠の言が当時にあっての『御堂御記』と『行成大納言記』の一応の評価であったことは否めない。

さて、賀表には摂関加判のほかに、『江家次第』に「最末参議署名下等言一字云々」の記載があるように、最末参議の署名の下に「等言」を付すか否かということについても、また異論があった。

この件が史料に初見するのは、寛治二年（一〇八八）十一月のことである。『後二条師通記』寛治二年十一月一日条には、「左大臣（源俊房）賀表事被レ問。大外記師平（中原）申二次第一了起。召二左少弁為房一被レ申二其由一。付二近代一而行之」とあり、近代の例によって行ったとあるが、これだけでは詳しい事情がわからない。

そこで『部類』をみると、そこに所収する『匡房卿記』（『江記』）逸文の同年十一月一日条には、「左府（源俊房）於二陣座一、被レ定二等言字有無事一」とあり、同じく『経信卿記』同日条にも「左府宣云、朔日表等言字事、相尋可レ申者」とあることから、左大臣源俊房によって「等言」の二字のことが提起されたことを知りうる。しかし、このことは俊房自身からでたことではなく、『為房卿記』に、「一昨日尋二先例一、可レ被二定申一之由、以レ予被レ宣二下左府一也」とあるとおり、白河院が藤原為房をもって俊房に宣下したことの結果であった。

まず、俊房は『後二条師通記』や、以下に掲げる『経信卿記』に記すように、外記中原師平に尋問したところ、師平は、

師平申云、寛和・永承・延久等例、無二等言字一者。但昌泰有二等言字一者。何様可レ有乎。申云、両説候者。可レ

令レ随レ仰歟。公式令論奏式注二等言字一。若可レ准レ彼歟。但注二上判一、難レ知二一定一。

と答えている。つまり、寛和・永承・延久度の「等言」字を付さない事例とともに、昌泰度の付した事例と「公式令」論奏式に「等言ス」とある規定[注14]をあげて、一定することの難しさを上申している。

そこで、当人の師平の日記『師平記』同日条文の傍注をみてみると、

件賀表公卿判署、、、判下、昌泰元年注二等言一之由、有職公卿等所レ被レ申也。仍被レ尋二問其由一之処、、、、、有無不二分明一。但永承五年賀表案文、、等言字者、、、。

と記されている。虫損による欠字のために文意がよくわからないが、師平の上申で決着がつかなかったために、『経信卿記』に「人々被レ申云」とあるように、衆議ということになった。公事に詳しい大江匡房は、

予曰、依二近例一不レ可レ候歟。即以二為房一被レ申云、（中略）不レ可レ候之由、人々所二定申一也。（『匡房卿記』逸文）

と「等言」を付さない意見を述べ、大半の公卿も「依二近例一不レ可レ候歟」との意見で一決をみた。

また、『経信卿記』に、「左府使蔵人弁為房被レ申二外記所レ申并昌泰例等一。仰云、依二近代例一、等言字不レ可レ注者」とあるように、白河院からも付さない仰せがあったのである。このあいだのことは、『為房卿記』に以下のように詳しい。

最末参議名下无二等言二字一。昌泰在之。其外無二所見一。大唐六典・公式不レ注二表儀一。准二近例一不レ可レ書。御出以前、以レ予被レ執レ奏。寛弘権大納言記、以レ不レ書二等言字一、成二其疑一。

このような経過をへて、「等言」を付さないということで解決をみたわけであるが、この問題は以後にも尾をひいたことは、『中右記』の条文に「賀表公卿之判下、無二等言字一。是近代之例也」との記述があることからも理解できる。

三、朔旦叙位について——菅原在良の昇叙と大江匡房——

つづいて朔旦叙位についてであるが、叙位といっても寛治二年十一月の菅原在良の昇叙に関してである。在良というと、院政期の堀河・鳥羽両朝期に大内記・文章博士・式部大輔などを歴任した実務官人として、また文人としても著名な人物である。在良については、福井迪子氏の詳細な論文があるので[注(15)]、大方はそれに拠っていただきたいが、この正五位下への昇叙については、『部類』のみにみえることであるから、福井氏も触れてはいないので少しく述べてみよう。

在良の正五位下への昇叙について、『後二条師通記』寛治二年十一月二十日条には、

次以二為房一被(下)二下名一。(中略)被レ加。大内記在良。以二参議 左大弁匡房一、令レ書了。如レ本奏進之。

とあり、在良の昇叙は、下名を下す直前に後から付け加えられたものであったことがわかる。『経信卿記』同日条文にも、「蔵人弁為房下二奉中文一。下名歟。先々上卿被二申請一之時、職事持来。而令二職事一直持来。可レ尋。是在良加階事也」とあり、どうも昇叙にあたっては少なからず問題があったようである。『不知記』(「時範記歟」との注あり。この条文も他にみえない逸文)同日条にも、「次以二蔵人権左少弁為房一、被レ仰下大内記在良可レ叙二正五位下一由於左大臣(源俊房)上」とみえている。

しかし、これだけではどのような理由で急に在良だけが叙位に付加されたのかはよくわからない。この疑問を一挙に解決してくれるのが、『匡房卿記』同月二十一日条の逸文である。

次可レ令二清書一由被レ仰。又乍レ居被レ奏。(中略)未レ被レ下二詔書一之間、以二為房一被レ仰下菅原朝臣在良上可レ叙二正下一。(中略)是去日叙位被レ賞二諸道一、紀伝独漏レ恩。予令レ申曰、諸道之中、以二紀伝一為レ宗。明経無二可レ叙之人一、一、給二正上於師平一。文学院何漏二其恩一乎。明年可二叙位一之者、在良・広綱(源)等也。前例朔旦之年、可レ叙之者、被レ叙者例也。如何。仰云、正暦無二紀伝殿人一。又令レ申云、信順(高階)彼已預二加級一。是豈非二紀伝一乎。又被レ仰曰、広綱・在良中、誰人可レ叙哉。又令レ申云、共有二前例一。但至二在良一者、趁二劇務一、暁夕奔波。又如二成季(藤原)一者、只大内記労。朔旦年叙位已有二両方一。理可レ被レ叙二在良一歟云々。所レ被レ仰如レ此。若レ被レ挙二用予議一

歟。左府《源俊房》付二為房一、被レ申二下名一。是予所レ書也。（中略）次召二官人一、令レ置レ硯。次左府被レ目。予参入。左府被レ仰曰、在良叙二正下一、策、可二書入一。依レ為二入眼参議一也者。予申云、策者可レ被レ注二叙位簿一。於二下名一者所レ不レ注也。即還レ座書入之。（中略）菅原朝臣在良六字也。即返上、了復レ座。

この『匡房卿記』によれば、大江匡房が蔵人弁の藤原為房を使として、前掲の『不知記』からも知られるように、左大臣俊房と交渉して在良の正五位下への加階に尽力したことがわかる。

匡房は、その過程で俊房の「正暦無二紀伝殿人一」との見解に対して、為房をして「信順《高階》彼已預二加級一。是豈非二紀伝一乎」と主張し、また在良の加級の理由について「趁二劇務一、暁夕奔波」と、その精勤ぶりを述べ、一方では「如二成季《藤原》一者、只大内記労」と、藤原成季の加階を皮肉っている。匡房も在良もともに文章道を学び[注16]、同じ境遇に生きていたといっても過言ではない。また当時にあっては、匡房は左大弁、在良は大内記の職にあり、実務官僚として政務を同じくすることの機会も多かったに違いない。

例えば、『後二条師通記』寛治六年二月二十三日条に、

左大弁着之。令レ置二膝突一如レ常。召二外記一（中略）被レ問二大内記在良参否一。申二未レ参之由一。重令レ催云々一。即内記参。仰下可レ令レ献二宣命草一之由上。起レ座奉之。付二御在所一奏聞。返給。其後内覧。披見之間、傍字者可レ載二宣命一歟。如何。大内記《在良》申云、旧宣命令レ申二被レ載之由一。又問二左大弁《匡房》一、為レ之如何。而無二先例一之由、大内記所レ申也。（中略）其後令レ申二殿下《藤原師実》其由一。

とあるようなことは恒常的なことであったわけで、これを見聞していた匡房は、在良の仕事ぶりを「赴二劇務一、暁夕奔波」と表現したのである。

しかし、この在良の加階についての匡房の本心は、実は在良個人にのみあったわけでないことは、「在良・広綱等也」と、はじめは源広綱の名をも挙げていることからも推察できる。

匡房の本心は、「是去日叙位被㆑賞㆓諸道㆒、紀伝独漏㆑恩」とあるように、紀伝のみが叙位の対象から外されたという憂慮から派生したもので、「諸道之中、以㆓紀伝㆒為㆑宗」との信念をもっていた匡房にとって、この出来事は憂憤の情をかきたてるものであった。この匡房の感情が、ついに「明経無㆓可㆑叙之人㆒、給㆓正上於師平㆒。文学院何漏㆓其恩㆒乎」とまでの激しい発言になったものと考えられる。

匡房は『江納言暮年詩記』に、「予四歳始読㆑書、八歳通㆓史漢㆒、十一歳賦㆑詩。世謂㆓之神童㆒」と記している。現に匡房は十一歳で左大臣の源師房に伺候した時に、「雪裏看㆓松貞㆒」と題した詩を賦したことが『続古事談』にみえている。このように早くから学問に励み、学儒公卿の道を歩んできた匡房をしていわしめた、「諸道之中、以㆓紀伝㆒為㆑宗」、これが匡房の学問観の根本理念であったことには間違いなかろうと思う。

おわりに

以上、宮内庁書陵部蔵柳原本『朔旦冬至部類』の条文を中心に、朔旦冬至賀表の加判のこと、公卿署名の末尾の「等言」を付すか否かのこと、朔旦叙位に関するなどのことについて略述してきた。

この『朔旦冬至部類』条文は、第一節で記述したように殆どは逸文であり、それは大日本史料にも未収であるものも多く、貴重な条文である。それとともに朔旦冬至の記事を多くの日記より部類していることから、朔旦冬至の研究には重要な史料として嘱目されるべき存在であると考えられる。

注

(1)『史記』武帝紀には、「公孫卿曰、今年得㆓宝鼎㆒。其冬辛巳朔旦冬至、与㆓黄帝時㆒等、卿有㆓札書㆒云々」とある。また隋の杜台卿撰の『玉燭宝典』には、「十一月建㆓子周之正月㆒。冬至日極南、影極長、陰陽日月万物始。故有㆓履長之賀㆒」とある。

（2）『続日本紀』神亀二年（七二五）十一月己丑（十日）条には、「天皇御二大安殿一、受二冬至賀辞一。親王及侍臣等奉レ持二奇翫珍贄一進レ之。即引二文武百寮五位已上及諸司長官・大学博士等一、宴二飲終日一、極レ楽乃罷。賜レ禄各有レ差」とある。桃裕行「閏月と朔旦冬至」（広瀬秀雄編『暦』ダイヤモンド社、一九七四年）参照。

（3）『江家次第』巻十・朔旦旬には、「冬至宴会、聖武神亀二年十一月己丑、天皇御二大安殿一、受二冬至賀辞一。又神亀五年・天平三・四年等有二宴会恩赦一。以上四ケ年非二一章之朔旦一。朔旦冬至宴会、桓武延暦三年十一月戊戌朔行二慶賀一、免二田租一云々。是本朝朔旦冬至始見二国史一也」とある。また『兵範記』保元元年（一一五六）十月十八日条にも、「雅教（藤原）定申云、（中略）然而本朝桓武天皇延暦三年、始レ自二黄帝上元甲子之年一、緬二承章歳之運一、被レ行二朔旦之儀一以降、毎レ当二一章之期一、必設二群臣之賀一」とある。

（4）延暦三年（七八四）・同二十二年・弘仁十三年（八二二）・承和八年（八四一）・貞観二年（八六〇）・元慶三年（八七九）・昌泰元年（八九八）・延喜十七年（九一七）・承平六年（九三六）・天暦九年（九五五）・天延二年（九七四）・正暦四年（九九三）・長和元年（一〇一二）・長元四年（一〇三一）・永承五年（一〇五〇）・延久元年（一〇六九）・寛治二年（一〇八八）・嘉承二年（一一〇七）・大治元年（一一二六）・久安元年（一一四五）・長寛二年（一一六四）の二十一回。桃裕行「保元元年の中間朔旦冬至と長寛二年の朔旦冬至」（遠藤元男先生頌寿記念『日本古代史論苑』国書刊行会、一九八三年）参照。

（5）朔旦冬至については、桃注（2）・（4）前掲論文、桃裕行「応永二十九年の朔旦冬至」（『日本歴史』四〇四号、一九八一年）参照。

（6）中原師安は、『地下家伝』によれば、師遠の男で、寛治二年（一〇八八）に誕生、嘉承二年（一一〇七）に大外記となり、大治元年（一一二六）当時は三十九歳であった。

（7）中原師元は、『地下家伝』・『師元年中行事』によれば、師安の弟で、天仁二年（一一〇九）に誕生、保安二年（一一二一）に権少外記、同年十二月に大外記に転任し、安元元年（一一七五）に六十七歳で卒去している。

（8）中原師尚は、『地下家伝』によれば、師元の男で、天承元年（一一三一）に誕生、仁平三年（一一五三）に大外記に補任され、建久八年（一一九七）に六十七歳で卒去している。

（9）『尊卑分脈』には、穀倉院別当・大外記・正五位下とあり、師尚―師重―師兼―師頼―師古―師右―師豊とつながると記す。

（10）『日本三代実録』貞観二年十一月丁丑条には、「公卿上表、賀二朔旦冬至一曰」とある。

（11）『日本三代実録』元慶三年十一月丙辰条には、「朔旦冬至、右大臣《(藤原基経)》已下参議已上、抗レ表賀曰」とある。

（12）『江家次第』巻十・朔旦旬。

（13）内閣文庫蔵中御門本『天皇御元服記』に引かれた『権記』逸文の寛仁二年正月七日条には、「大相国《(藤原道長)》於二殿上一、加二署賀表一給。左少弁経頼《(源)》朝臣伝奉之。給二御懐紙於犬丸一、覧二用筆之躰一。次与二源大納言《(俊賢)》一向二左仗一。摂政《(藤原頼通)》着二北座一給。諸卿多候。次左大臣《(藤原顕光)》被二参入一。爰令二参議等一仰下外記可レ給二賀表暑《(署カ)》一之由上。外記即申二史生一、可レ取二給暑一。承平例外記取レ暑。仍請二是処分一。納言等云、行取レ暑、在二里亭一時之事也」とある。渡辺直彦「『吏部王記』『小右記』『権記』補遺」（『日本歴史』三三二号、一九七六年）参照。

（14）『義解公式令』論奏式条には、「大納言位臣姓名等言ス云々。謹以申聞、謹奏」とある。

（15）福井迪子「菅原在良―その伝と文学活動―」（今井源衛教授退官記念『文学論叢』九州大学国語国文学研究室、一九八二年）。

（16）大江匡房は、天喜四年（一〇五六）十二月十九日に省試合格し、康平元年（一〇五八）十二月に対策及第している。一方、菅原在良は承保元年（一〇七四）十一月に対策及第したことが『除目大成抄』にみえる。

【追記】

本小論は、本書に先だつ私家版『朔旦冬至部類』（一九八五年四月）の解説として「朔旦賀表と朔旦叙位に関する一考察」と題して執筆したものを、「宮内庁書陵部蔵柳原本―その成立と朔旦冬至賀表・朔旦叙位―」と改題・修訂して、拙著『平安朝官人と記録の研究』（おうふう、二〇〇〇年）に所収したものに加筆・訂正して再掲したものである（二〇一七年七月・木本記）。

『朔旦冬至部類』人名索引

凡　例

一、本索引は、翻刻3～88頁の人名索引で、頁数を以て表記した。

一、頁数の人名表記が、前後の頁にわたる場合は前の頁を以て表記した。

一、頁数の表記について、官職名なども（　）内に注記したが、以後に同官職を帯官している場合は、特に注記しなかった。

一、採録に際して、書名中等に表記された人名も採録した。

一、官職名等による人名表記の場合も原則として採録し、人名を概ね→を以て示した。また「大将」とあり、俊房・師通のいずれか確定できない場合などは採録していない。

右大将）、61（内大臣）
有宗〔源〕21（式部大輔代・太皇太后宮大進）、22（式部大輔代）、31、35（式部大輔代・太皇太后宮大進）
有道〔藤井〕19（内竪頭・主殿允）、21（兵部丞代・内竪頭・主殿允）
有輔〔藤原〕21（式部少輔代・右京亮）

ラ

頼季〔清原〕67（大外記）
頼経〔紀〕21（式部丞代・主計允）
頼宗〔藤原〕4・5（内大臣）
頼通〔藤原〕3・4・6（関白・左大臣）、27（宇治殿）、62（摂政・内大臣）、63（殿下）

リ

隆躬〔四条、藤原〕69（左少将）、70
隆綱〔源〕7（宰相源中将）、17（参議・権右中将・修理大夫・備後権守）
隆国〔源〕11（源大納言）、16（陸奥出羽按察使）
隆時〔藤原〕41
隆俊〔源〕3・5（権右中将）、7（治部卿）、16（権中納言・治部卿・皇太后宮権大夫）
隆仲〔西大路、藤原〕65（参議）
隆方〔藤原〕9・12
良基〔藤原〕11（別当・春宮権大夫）、17（参議）
良基〔二条、藤原〕86（関白）

ロ

六条右大臣→重信〔源〕

《編者紹介》

木本好信（きもと・よしのぶ）

1950年、兵庫県生まれ。駒澤大学大学院人文科学研究科博士後期課程単位取得満期退学。

博士（学術）。

現在、龍谷大学文学部特任教授。

主な編著書に、『江記逸文集成』（国書刊行会、1984年）。『平安朝日記と逸文の研究』（桜楓社、1987年）。『平安朝官人と記録の研究』（おうふう、2000年）。『律令貴族と政争』（塙書房、2001年）。『藤原仲麻呂』（ミネルヴァ書房、2011年）。『奈良時代の政争と皇位継承』（吉川弘文館、2012年）など。

樋口健太郎（ひぐち・けんたろう）

1974年、愛知県生まれ。神戸大学大学院文化学研究科博士課程修了。

博士（文学）。

現在、龍谷大学文学部特任准教授。

主な著書に、『中世摂関家の家と権力』（校倉書房、2011年）。『九条兼実―貴族が見た『平家物語』との内乱の時代―』（戎光祥出版、2017年）など。

宮内庁書陵部蔵柳原本
朔旦冬至部類 影印と翻刻

2018年6月15日 初版第1刷発行

編　者：木本好信
　　　　樋口健太郎
発行者：前田智彦
装　幀：武蔵野書院装幀室

発行所：武蔵野書院
〒101-0054
東京都千代田区神田錦町3-11 電話 03-3291-4859 FAX 03-3291-4839

印刷所：三美印刷㈱
製本所：㈲佐久間紙工製本所

ISBN 978-4-8386-0711-2 Printed in Japan